10 Lições sobre
PASCAL

Dados Internacionais de Catalogação na Publicação (CIP)
(Câmara Brasileira do Livro, SP, Brasil)

Mantovani, Ricardo Vinícius Ibañez
  10 lições sobre Pascal / Ricardo Vinícius Ibañez Mantovani. – Petrópolis, RJ : Vozes, 2017. – (Coleção 10 Lições)
  Bibliografia.
  ISBN 978-85-326-5440-3
  1. Filosofia francesa 2. Pascal, Blaise, 1623-1662 I. Título. II. Série.

17-02277   CDD-194

Índices para catálogo sistemático:
1. Filosofia francesa   194

Ricardo Vinícius Ibañez Mantovani

10 Lições sobre
PASCAL

EDITORA
VOZES

Petrópolis

© 2017, Editora Vozes Ltda.
Rua Frei Luís, 100
25689-900 Petrópolis, RJ
www.vozes.com.br
Brasil

Todos os direitos reservados. Nenhuma parte desta obra poderá ser reproduzida ou transmitida por qualquer forma e/ou quaisquer meios (eletrônico ou mecânico, incluindo fotocópia e gravação) ou arquivada em qualquer sistema ou banco de dados sem permissão escrita da editora.

CONSELHO EDITORIAL

Diretor
Gilberto Gonçalves Garcia

Editores
Aline dos Santos Carneiro
Edrian Josué Pasini
José Maria da Silva
Marilac Loraine Oleniki

Conselheiros
Francisco Morás
Leonardo A.R.T. dos Santos
Ludovico Garmus
Teobaldo Heidemann
Volney J. Berkenbrock

Secretário executivo
João Batista Kreuch

Editoração: Flávia Peixoto
Diagramação: Sheilandre Desenv. Gráfico
Revisão gráfica: Nilton Braz da Rocha
Capa: Editora Vozes
Ilustração de capa: Studio Graph-it

ISBN 978-85-326-5440-3

Editado conforme o novo acordo ortográfico.

Este livro foi composto e impresso pela Editora Vozes Ltda.

Sumário

Introdução, 7

Primeira lição – O homem e seu tempo, 11

Segunda lição – As cartas *Provinciais*, 17

Terceira lição – O cartesianismo e o *Do espírito geométrico*, 26

Quarta lição – Pascal e o ceticismo, 38

Quinta lição – Deus e a necessidade da *aposta*, 54

Sexta lição – Análises político-sociais, 65

Sétima lição – Análises psicológicas (*divertissement*), 79

Oitava lição – O *eu*, 92

Nona lição – Provas históricas do cristianismo, 98

Décima lição – A questão da *graça*, 115

Conclusão, 125

Referências, 129

Introdução

Blaise Pascal (1623-1662) foi, certamente, uma das maiores mentes do século XVII. Quando se fala em Pascal, fala-se, por exemplo, daquele que – paralelamente a Torricelli – demonstrou a existência do vácuo; daquele que inventou a máquina de calcular; daquele que cravou seu nome na história da matemática por meio de valiosíssimas contribuições à *geometria projetiva* e ao *cálculo das probabilidades*: numa palavra, fala-se do grande gênio francês. No entanto, como se não bastasse, Pascal também foi filósofo. Sua grande obra filosófica – que constituirá o principal objeto de estudo deste livro – são os *Pensamentos* (*Pensées*). É essencial que se diga, desde já, que se trata de uma obra inacabada: um composto de mais de mil fragmentos – anotações pessoais que Pascal realizou ao longo dos últimos anos de sua vida no intuito de elaborar uma *apologia da religião cristã*.

Ora, ao longo da referida obra – assim como ao longo de várias outras pequenas obras de cunho filosófico que teremos a oportunidade de analisar – assistimos um pensador perspicaz dialogando com a tradição e, a partir dela, elaborando um pensamento verdadeiramente original. Será assim que, partindo da filosofia de Santo Agostinho e do ceticismo de Michel de Montaigne, veremos, não raro, Pascal chegar a conclusões que jamais poderiam ter saído da pena de tais autores – bem como se contrapondo ao grande filósofo que lhe é contemporâneo, a saber, René Descartes. Dentre as principais contribuições pascalianas ao pensamento ocidental estão, certamente, suas profundas considerações sobre a condição humana. Através delas, Pascal pretende evidenciar ao homem suas contradições, sua insuficiência, sua mendacidade, sua corrupção. Mas, para quê? Para nos mostrar que qualquer tentativa puramente humana de alcançar a felicidade está, por definição, fadada ao fracasso e – o que é o mais importante – para nos recomendar a procura de Deus: nosso único e verdadeiro Bem.

Por fim, antes de adentrarmos no universo de Blaise Pascal, queremos confessar ao leitor que, ainda que se trate de uma obra introdutória, o presente livro não é uma apresentação totalmente "neutra" do pensamento pascaliano – *quer* porque algumas passagens de nosso autor precisam ser interpretadas, com vistas a se dirimir certas contradições que resultariam de uma leitura "ao pé da letra" (lembremos que os *Pensamentos* são um conjunto de notas pessoais que não chegaram a assumir sua forma e organização finais), *quer* porque toda apresentação sucinta como esta parte de uma pré-seleção dos temas a serem abordados que, no limite, sempre pode ser questionada.

Primeira Lição

O homem e seu tempo

> Meu irmão nasceu em Clermont, a 19 de junho de 1623. Meu pai, presidente da Cour des Aides, chamava-se Etienne Pascal e minha mãe Antoinette Bégon. Logo que meu irmão chegou à idade em que lhe puderam falar, deu mostras de um espírito extraordinário, pelas suas réplicas bem oportunas, porém ainda mais pelas perguntas que fazia sobre a natureza das coisas, surpreendendo a todos[1].

As linhas acima, em que pese terem sido escritas por sua elogiosa irmã – Gilberte Périer –, parecem retratar com fidelidade os primeiros anos de nosso filósofo. De fato, sabemos que Blaise Pascal nunca frequentou qualquer colégio, tendo sido seu pai o único mestre que viria a conhecer. Este dedicou-se a ensinar-lhe, antes de tudo, o latim e o grego, bem como as regras que regem as diferentes

---

1. PÉRIER, G. A vida de Pascal. In: PASCAL, B. *Pensamentos*. 2. ed. São Paulo: Abril, 1979, p. 9 [Coleção "Os Pensadores"].

línguas. Ademais, dedicou-se a instruí-lo a respeito das "coisas da natureza" e das diversas técnicas humanas – mantendo-o sempre afastado da matemática por temer que seu filho se deixasse absorver exageradamente por ela, negligenciando, assim, o estudo de outras matérias.

No entanto, esta precaução de Etienne não tardaria a mostrar-se vã: segundo se conta, Blaise, após se entreter um pouco com algumas figuras geométricas e tentar determinar suas relações, teria chegado, de maneira totalmente autônoma, até a 32ª proposição de Euclides. Primeiro ato notável daquele que viria a ser um dos maiores gênios da matemática de todos os tempos. Com efeito, quando falamos do Pascal "cientista", falamos, dentre outras coisas, daquele que, antes de completar vinte anos, criou a primeira máquina de calcular da história; daquele que viria a elaborar algumas das primeiras experiências para averiguar os efeitos da pressão atmosférica e daquele cujos trabalhos foram essenciais para o desenvolvimento *tanto* da geometria projetiva *quanto* do cálculo de probabilidades.

Cristão desde o berço, Pascal assim se manteve ao longo de toda sua vida. Isso, contudo, não impede que se fale em duas "conversões" pelas quais Blaise teria passado. A primeira destas "conversões" – que não devem ser entendidas senão como a transição de uma fé relativamente branda a uma existência mais austera e penitente[2] – deu-se em 1646, por ocasião da tomada de conhecimento, por parte de Pascal e de sua irmã Jacqueline (futura Irmã Sainte-Euphémie), das ideias de Saint-Cyran e de Jansenius.

O holandês Cornelius Jansenius (1585-1638) – bispo de Ypres – foi, inquestionavelmente, o principal responsável por um movimento que abalou profundamente a Igreja Católica durante duzentos anos. Todavia, *tanto* os assim chamados "jansenistas" (tais como Pascal e Jean Racine, apenas para citar dois dos mais ilustres dentre eles) *quanto* o próprio Jansenius nunca se viram senão como *católicos*. De qualquer modo, pode-se definir aquilo que historicamente ficou conhecido como *jansenismo* como uma tentativa de retorno à moral e à disciplina do cristianismo primitivo, associada a uma determinada interpretação da filosofia de Santo Agostinho que enfatizava a incapacidade do homem para bem agir quando não presenteado por Deus com a *graça eficaz*.

Ora, como é de se imaginar, os *jansenistas* (que se "refugiavam", sobretudo, em Port-Royal des Champs, uma espécie de mosteiro/colégio/local de retiro e de altos estudos) não tardaram a ser

---

2. Cf. LEBRUN, G. *Blaise Pascal.* São Paulo: Brasiliense, 1983, p. 50-63.

perseguidos – notadamente por seus maiores inimigos à época, a saber, os jesuítas. Tal perseguição, não obstante, motivou Pascal a escrever aquela que talvez seja sua mais bela obra, qual seja, as *Provinciais*: um conjunto de dezoito cartas anônimas inicialmente produzidas com vistas a defender os amigos de Port-Royal das infâmias de que eram vítimas, mas que, com o tempo, transformaram-se num ataque frontal à moral laxista dos seguidores de Molina – padre jesuíta responsável pelo florescimento da famigerada *casuística*, da qual falaremos um pouco mais na segunda lição.

A "segunda conversão" de Pascal, por sua vez, consiste em um episódio verdadeiramente místico. No dia 23 de novembro de 1654, Blaise parece ter tido um "êxtase" que durou cerca de duas horas – evento que registrou em seu famoso *Memorial*: um pequeno pedaço de papel que costurou junto a sua roupa e onde registrou, frenética e aleatoriamente, algumas devotas palavras. O fato é que, após este evento, Pascal colocou todas as suas forças em abandonar definitivamente o mundo e em submeter-se, por inteiro, à religião. Será no período compreendido entre esta data e sua morte – ocorrida em 1662 – que Blaise elaborará o grosso de sua obra filosófica, a cujo estudo é dedicado este volume.

É digno de nota que Pascal não via, a si próprio, como filósofo. De cultura filosófica não muito ampla, na maior parte das vezes que nosso autor se pôs a "filosofar", o fez em nome do cristianismo. Não é à toa que sua grande obra filosófica – os *Pensamentos*, sobre os quais nos debruçaremos na maioria das lições que se seguem – é um conjunto de pouco mais de mil fragmentos[3] que, por sua vez, não são senão anotações pessoais que deveriam ter servido de base a uma *apologia da religião cristã*, a qual não chegou a ser finalizada em decorrência do falecimento prematuro de seu autor.

A preocupação sincera com a "conversão dos pecadores" – e não com a explicação da "máquina do mundo" – talvez tenha sido o fator decisivo para fazer com que Pascal se diferenciasse tanto dos outros grandes pensadores de seu tempo. Sustentamos que seu desígnio peculiar e seu caráter ímpar foram fatores decisivos para fazer dele um elemento completamente estranho ao século do grande Racionalismo: enquanto todos estavam preocupados com a criação de métodos que substituíssem a desacreditada tradição na busca pela verdade, Pascal procurou evidenciar ao homem (moderno) sua condição

---

3. Que foram organizados de maneira diversa pelos diferentes editores da obra pascaliana. Aqui, todas as vezes que citarmos um fragmento dos *Pensamentos*, informaremos ao leitor sua numeração segundo as edições de Louis Lafuma (Laf.) e Léon Brunschvicg (Br.) – que, de resto, são as edições em que se baseiam os tradutores brasileiros da obra em questão.

desesperadora e irremediável sem Deus. O incrível instrumental conceitual que elaborou no intento de levar a cabo tal tarefa é o que passamos a analisar de agora em diante.

Segunda lição

As cartas *Provinciais*

É preciso que se diga que as *Cartas escritas a um provincial* (ou, simplesmente, *Provinciais*) não constituem, propriamente, um trabalho filosófico. Obras de ocasião, as dezoito missivas (e o fragmento de uma décima nona) só podem ser devidamente compreendidas quando se leva em conta o fato bem específico que motiva sua redação: a querela existente, à época, entre jesuítas e jansenistas[4].

No tempo de Pascal, a Companhia de Jesus (Ordem criada em 1534 por Inácio de Loyola) gozava de grande prestígio político, quer junto a Roma, quer junto aos reis – dos quais, muitas vezes, seus membros eram confessores. Trata-se, todavia, de um momento histórico em que se dá uma acelerada mudança dos costumes e no qual os indivíduos – sobretudo os mais poderosos – tomavam cada vez mais liberdade frente às máximas do cristianismo.

---

4. A respeito de Jansenius, dos jansenistas e de Port-Royal, cf. a lição anterior.

Assim, talvez não seja exagerado afirmar que, no intuito de manter os fiéis no interior da Igreja, os jesuítas tenham resolvido "abrandar os mandamentos" para adaptá-los às novas exigências sociais. Nesse contexto, surgiram os casuístas: autores de verdadeiros inventários de pecados e suas respectivas penas – escritos que auxiliaram os confessores a determinar as penitências que deverão aplicar a suas ovelhas e, diga-se de passagem, a eximir-lhes praticamente de qualquer culpa.

Os austeros jansenistas – que tinham então a simpatia da alta sociedade e de boa parte dos intelectuais – não demoraram a denunciar aquilo que consideram ser a "moral laxista" daqueles que, daí em diante, elegem como seus adversários. Os jesuítas, por sua vez, notando a crescente influência dos seguidores de Jansenius, tentam obter a condenação da obra que lhes servia de referência: o *Augustinus*.

Com efeito, tal condenação não tardaria a ocorrer. Para tanto, Nicolas Cornet – eleito duas vezes diretor da Sorbonne por meio de escusos expedientes – "resumiu" o enorme livro do bispo holandês em cinco proposições obscuras, que, rapidamente, foram consideradas opostas aos ensinamentos do evangelho e à própria filosofia agostiniana. Hoje, entretanto, sabemos que tais proposições, além de não serem encontradas no *Augustinus*, são mesmo totalmente contrárias ao que lá é dito.

Não obstante, assim que o tortuoso "resumo" de Cornet é condenado, a vida dos jansenistas torna-se mais difícil – a ponto de, em janeiro de 1655, um dos amigos de Port-Royal, o Marquês de Liancout, ver-se impossibilitado de receber o sacramento da confissão por não ter renegado os "erros de Jansenius".

Para responder a tamanha afronta, o jansenista Antoine Arnauld (1612-1694) – um dos maiores teólogos de então, correspondente (e adversário) de Leibniz – publicou dois panfletos (*Carta a uma pessoa de condição* e *Carta a um duque e par de França*) que viriam render-lhe a perda de seu título de doutor em teologia. Arnauld reconhece que as famosas cinco proposições são heréticas; contudo, não concorda que elas estejam no *Augustinus* de Jansenius.

Pouco importa. Seus inimigos, que julgam seu caso na Sorbonne, já se decidiram: as teses são, sim, de Jansenius e, por não abjurar sua obra, Antoine Arnauld será condenado. É precisamente aqui que Blaise Pascal entra em cena.

Entre o início e o fatídico desfecho do injurioso processo, Pascal resolve a auxiliar seu colega, ridicularizando aqueles que o perseguiam – com o objetivo de, quem sabe, evitar a censura (ainda incerta à época). Será precisamente este o espírito que guiará a confecção das primeiras três *Provinciais*.

De fato, na maioria das *Cartas* (da primeira à décima)[5], o filósofo adota a estratégia de se pronunciar pela boca de uma curiosa personagem – inocente e perfeitamente ignorante em matéria de teologia – que se propõe a tarefa de comunicar certas "novidades" a um provinciano amigo seu[6]. Ao narrar acontecimentos, disputas e declarações a partir do ponto de vista de um incipiente, Pascal consegue fazer com que o homem comum possa entender toda a falta de razão que permeia o discurso daqueles que perseguem Port-Royal: despidas de sua roupagem pomposa, as declarações dos doutores da Sorbonne não passam de vento.

Vejamos, pois, como se inicia a primeira *Provincial*:

> Senhor,
> Nós estávamos bastante iludidos. Somente ontem desenganei-me; até então eu pensava que o assunto das disputas da Sorbonne era muito importante, e de uma extrema consequência para a religião. Tantas assembleias de uma companhia tão célebre quanto a Faculdade de Teologia de Paris, e onde se passaram tantas coisas tão

---

[5]. A partir da décima primeira *Provincial*, Pascal, apesar de permanecer no anonimato, dirige-se diretamente aos padres e doutores cuja doutrina é alvejada por suas críticas.

[6]. Procedimento muito semelhante ao que, mais tarde, será adotado por Montesquieu em suas *Cartas Persas*.

extraordinárias e tão sem exemplo, fazem dela conceber uma tão alta ideia, que não se pode crer que não tivessem um objeto muito extraordinário.

No entanto, vós ficareis muito surpresos quando aprenderdes, por esta narrativa, a que se destina um tão grande estardalhaço; e é o que vos direi em poucas palavras, após ter me instruído perfeitamente[7].

Na sequência desta *Carta* – bem como ao longo das outras duas que lhe sucedem –, Pascal tenta, acima de tudo, evidenciar as artimanhas adotadas por aqueles que queriam, a todo custo, prejudicar o Sr. Arnauld.

Será neste intuito que, por exemplo, o filósofo dará a palavra a um tal "Senhor N., Doutor de Navarro", o qual lamenta a posição do teólogo jansenista, considerando-a herética por não afirmar que os justos têm, a todo momento, o *poder próximo* de agir de acordo com a vontade divina. Note-se que *tanto* os que se lhe opõem *quanto* Arnauld não negam que "todos os justos têm sempre o poder de cumprir os mandamentos"[8], sendo que a única diferença existente entre eles – neste ponto em

---

7. PASCAL, B. Les Provinciales. Première Lettre. In: *Oeuvres Complètes*. Paris: Du Seuil, 1966, p. 371-372.

8. Ibid., p. 373.

particular – refere-se à não utilização do termo *próximo* por parte do membro de Port-Royal.

Entretanto, por mais irrelevantes que tais questões possam parecer, serão elas que levarão a Igreja a excomungar Arnauld e, ao fim e ao cabo, o jansenismo como um todo. Dado que, na prática, as invectivas pascalianas não foram bem-sucedidas[9], da quarta *Provincial* em diante o filósofo mudará seu foco: tratar-se-á, doravante, não mais de evidenciar o fraudulento processo sediado na Faculdade de Paris, mas de expor a questionável moral jesuíta – ou, mais especificamente, molinista.

De fato, o Padre Luís de Molina[10] foi o primeiro a, ainda em 1588, escrever um manual para confessores – no que foi seguido pelo Padre Escobar (autor de *Liber theologicae moralis*) e pelo Padre Bauny (autor da *Suma dos pecados*): isto para citar apenas aqueles que, possivelmente, tenham sido os autores mais permissivos da chamada *casuística*.

Os casuístas – como sugere o termo pelo qual são designados – preocupam-se em encontrar, em cada caso específico, algo que possa desculpar os indivíduos de terem infringido uma lei de Deus.

---

9. Na medida em que não lograram evitar a condenação de Arnauld – que, por ocasião da publicação da terceira *Provincial,* já havia sido decretada.

10. Voltaremos a falar dele na décima lição.

Será assim que, por exemplo, Escobar, na mencionada obra, se proporá a esquadrinhar as situações em que os clérigos estariam autorizados a vestirem-se como leigos. Dirá ele: "em quais ocasiões um religioso pode tirar seu hábito sem incorrer em excomunhão? Para trapacear e fornicar. [...] Não vedes que escândalo seria surpreender um religioso nesse estado com seu hábito de religião?"[11]

Pascal exporá esta abominação moral – que, mesmo hoje, nos choca – na sexta de suas *Cartas*. Tão chocante quanto será ainda a "direção de intenção", procedimento jesuíta abordado na sétima *Provincial*. Com efeito, de acordo com os casuístas, o que determina uma ação como pecaminosa – ou não – é tão somente a intenção segundo a qual é praticada. Neste sentido, poderíamos – em um duelo – matar alguém legitimamente se, previamente ao assassinato, nos livrássemos do desejo de vingança, substituindo-o pelo desejo de defender nossa honra.

Digno de especial menção é, por fim[12], o procedimento da "restrição mental", segundo o qual

---

11. ESCOBAR. *Liber theologicae moralis,* tr. 6, ex. 7, n. 103. Apud CARIOU, P. *Pascal et la casuistique.* Paris: Presses Universitaires de France, 1993, p. 65.

12. Nosso reduzido espaço nos impede de tratar – ainda que resumidamente – do conteúdo de todas as *Provinciais,* cujo estudo, entretanto, recomendamos veementemente.

estaríamos autorizados a proferir uma proposição mentirosa desde que, mentalmente, a completássemos de modo a torná-la verdadeira:

> Podemos jurar [diz Sanchez[13]] que não fizemos uma coisa, ainda que a tenhamos feito, dizendo interiormente que não a fizemos um certo dia, ou antes de termos nascido, ou dizendo alguma outra coisa semelhante, sem que as palavras das quais nos servimos possam ser conhecidas por algum sentido[14].

Em que pese o fato de terem sido produzidas clandestina e separadamente (do início de 1656 até quase meados de 1657)[15], as *Provinciais* foram um verdadeiro "sucesso editorial", cativando, já à época, milhares de parisienses que se deleitavam com seu estilo coloquial e com seu teor corrosivo. Apesar disso, não nos enganemos: se os jesuítas foram arrastados na lama pela afiadíssima pena de nosso autor, a Companhia de Jesus venceria a guerra

---

13. Outro dos muitos casuístas que povoam as páginas das *Provinciais*.

14. PASCAL, B. *Les Provinciales*. Neuvième Lettre. Paris: Gallimard, 1987, p. 150.

15. Instado por Pierre Nicole – um dos autores da famosa *Lógica de Port-Royal* –, Pascal mandaria, mais tarde, publicar todas as *Cartas* conjuntamente. O mesmo Nicole ainda seria responsável por traduzir as *Provinciais* em latim, o que propiciará sua ampla difusão internacional.

política contra os jansenistas – e Antoine Arnauld jamais reaveria seu título de doutor.

Assim, após dizer tudo o que queria contra a hipocrisia e a perfídia de uma parcela nada desprezível da Igreja de então, Pascal abandona a polêmica e volta-se, dentre outras coisas, para a preparação de sua obra apologética – que será, sem sombra de dúvidas, a mais filosófica de todas suas empreitadas.

Terceira lição

O cartesianismo e o *Do espírito geométrico*[16]

Antes de continuarmos nosso trabalho introdutório ao pensamento pascaliano, é importante que frisemos o seguinte: a terceira e a quarta lições são a parte mais interpretativa da presente obra – e isto não porque assim o decidimos, mas porque trata de investigar certos aspectos da filosofia de Pascal a respeito dos quais os especialistas são consideravelmente divergentes em suas análises[17].

Pois bem. O século XVII é, certamente, o século de René Descartes – a ponto de boa parte de seus

---

16. Não pretendemos fazer, aqui, uma análise pormenorizada do texto em questão – nos interessando indicar, principalmente, que (apesar do que afirma boa parte da tradição de comentadores pascalianos) o *Do espírito geométrico* é um opúsculo que mais afasta Pascal da filosofia cartesiana do que a ela o filia.

17. Em nossa bibliografia há obras que se contrapõem ao que aqui defendemos, bem como há algumas outras que corroboram o que aqui é dito.

grandes pensadores poderem ser ditos *cartesianos,* tais como Baruch de Espinosa, Nicolas Malebranche e Gottfried Leibniz. De modo muito resumido, é lícito que se afirme que Descartes entrou para a história da filosofia, dentre outros fatores, por ter tentado fundamentar – metafisicamente – aquilo que, hoje, chamamos de ciência moderna.

Quer em seu principal livro – as *Meditações,* de 1641 –, quer em seu *Discurso do método,* de 1637 –, sua obra mais famosa e que, de certo modo, serviu para popularizar algumas teses desenvolvidas mais detidamente nas *Meditações* –, Descartes defende que os conhecimentos da tradição aristotélico-tomista são incertos e que, portanto, devem ser postos entre parênteses por todo aquele que, sinceramente, se preocupar com a verdade.

Este ex-aluno dos jesuítas será implacável com a lógica escolástica, de cujos silogismos asseverou que "servem mais para explicar a outrem as coisas que já se sabem, ou mesmo, como a arte de Lúlio, mais para falar, sem julgamento, daquelas que se ignoram, do que para aprendê-las"[18]. Daí pode-se entender por que Descartes considerava a filosofia

---

18. DESCARTES, R. *Discurso do método.* 2. ed. São Paulo: Abril, 1979, p. 37 [Coleção "Os Pensadores"].

que então estava em voga apenas como "um meio de falar com verossimilhança de todas as coisas e de se fazer admirar pelos menos eruditos"[19].

A partir do momento em que percebe que não pode mais confiar na tradição, o grande racionalista vê-se na necessidade de elaborar um método através do qual possa guiar a si próprio na pesquisa da verdade. Nesse particular, Descartes não tem dúvidas de que, agindo-se segundo os critérios por ele propostos, pode-se vir a conhecer – certa e seguramente – tudo o que há para conhecer, inclusive Deus.

De acordo com o filósofo, todos os conhecimentos estariam inter-relacionados naquilo que chama de árvore do saber – da qual a metafísica seria a raiz, a física seria o tronco e a mecânica, a medicina e a moral seriam os ramos. Ora, para fazer com que tal árvore cresça forte e saudável, Descartes considera imprescindível que se observe os preceitos elencados no *Discurso do método*[20], os

---

19. Ibid., p. 31.

20. Mas não só nele. Com efeito, em 1628 – portanto, quase uma década antes da publicação do *Discurso do método* – Descartes já havia produzido suas *Regras para a direção do espírito,* obra onde elenca trinta e uma regras com vistas a "orientar a razão na procura da verdade".

quais ele próprio já teria adotado em suas pesquisas[21]. A saber:

> O primeiro [...] de jamais acolher alguma coisa como verdadeira que eu não conhecesse evidentemente como tal; isto é, de evitar cuidadosamente a precipitação e a prevenção.
>
> [...] O segundo, de dividir cada uma das dificuldades que eu examinasse em tantas parcelas quantas possíveis e quantas necessárias fossem para melhor resolvê-las.
>
> [...] O terceiro de conduzir por ordem meus pensamentos, começando pelos objetos simples e mais fáceis, para subir, pouco a pouco, como por degraus, até o conhecimento dos mais compostos.
>
> [...] E o último, o de fazer em toda parte enumerações tão completas e revisões tão gerais, que eu tivesse a certeza de nada omitir[22].

As quatro regras supracitadas – respectivamente, *clareza e distinção, análise, ordem e enumeração* – o autor as sorve da matemática: ciência que

---

21. Frisemos que, originalmente, o *Discurso do método* não era senão uma introdução que antecedia três ensaios científicos – conhecidos como *Meteoros, dióptrica* e *geometria* –, nos quais o leitor cartesiano já podia ver em ação as regras apenas descritas no texto que ora analisamos.

22. DESCARTES, R. *Discurso do método*. 2. ed. São Paulo: Abril, 1979, p. 37-38 [Coleção "Os Pensadores"].

gozaria do grau máximo de evidência precisamente por já se manter fiel a tais princípios. Eis por que a filosofia cartesiana também pode ser vista como uma grande tentativa de aplicação de procedimentos próprios às matemáticas a temas "mais elevados"[23] – que, justamente por isso, poderiam vir a ser conhecidos de modo inquestionável e definitivo.

Vejamos, agora, como estas coisas se passam em Pascal. Em *Do espírito geométrico* e em *Da arte de persuadir* – opúsculos originalmente distintos, mas que costumam ser estudados como se constituíssem um único texto[24] –, nosso filósofo visa, sobretudo, oferecer algumas regras para guiar a demonstração de certas verdades já conhecidas. Notemos, pois, a primeira – e, possivelmente, mais óbvia – distinção existente entre Pascal e Descartes: o método proposto pelo primeiro visa cumprir a função que o segundo relegava à *lógica*, qual seja,

---

23. Ibid., p. 32.

24. Tal como se pode conferir, p. ex., na tradução portuguesa dos opúsculos pascalianos por Alberto Ferreira (*Opúsculos*. Lisboa: Guimarães, 1960, p. 81-115) – onde o *Da arte de persuadir* é tido como uma segunda seção de *Do espírito geométrico*. Vale sublinhar que, independentemente da relação que se estabeleça entre os textos, o público ao qual se destinavam era basicamente composto pelos "estudantes maiores" da escola de Port-Royal. A este respeito, cf.: ATTALI, J. *Blaise Pascal ou o gênio francês*. Bauru: Edusc, 2003.

a exposição de coisas já sabidas – e não a conquista de novos saberes.

Todavia, não nos enganemos: nosso filósofo também não vê a *lógica* aristotélico-tomista com bons olhos – ainda que, em certa medida, suas críticas a ela sejam menos contundentes do que as de seu célebre contemporâneo.

Para Pascal, os lógicos não ignoram por completo as regras da verdadeira demonstração; no entanto, ao misturarem tais regras com outras inúteis – e mesmo contraproducentes –, acabam por tornar inócua sua "ciência". Na realidade, eles agem como um médico que, para curar certa moléstia, receita, conjuntamente, remédios adequados e inadequados a seu tratamento – os quais, justamente por serem ministrados em conjunto, não ocasionam qualquer melhora no paciente.

De acordo com Pascal – e isto talvez seja o único fator que nos permita aproximá-lo, inequivocamente, de René Descartes[25] – as regras do reto raciocínio só são observadas – *de maneira pura* – nas

---

25. A nosso ver, o pensamento de Blaise Pascal possui muito mais pontos em comum com a filosofia de um Santo Agostinho, de um Montaigne ou mesmo de um Pierre Charron do que com a filosofia cartesiana. Apesar de não termos tratado diretamente deste tema, em nosso *Limites da apologia cristã* (São Paulo: Garimpo, 2016) indicamos que, quando se refere ao pensamento de René Descartes, Pascal quase sempre o faz para acusar aquilo que julga ser seus graves e imperdoáveis erros.

matemáticas, notadamente na geometria[26]. Nosso filósofo, contudo, diferentemente do autor das *Meditações*, faz questão de frisar que a perfeição do método geométrico é "apenas humana". Com efeito, o mais completo e eminente dos métodos seria aquele em que todos os termos seriam previamente explicados e todas a proposições demonstradas.

> Tal método seria indubitavelmente mais belo, mas, no fundo, impossível, pois é evidente que os primeiros termos a definir pressuporiam outros que servissem à sua explicitação, e, também assim, as primeiras proposições que se quisessem provar pressuporiam outras que as teriam de preceder. Deste modo, se torna claro que nunca se chegaria aos primeiros termos.
> Na verdade, desenvolvendo-se as pesquisas cada vez mais, chega-se, necessariamente, a palavras primitivas que não se podem definir, e a princípios tão claros que não se encontram outros que o sejam mais para lhes servir de prova. Por isso, me parece que os homens se encontram

---

26. Motivo pelo qual o filósofo se baseará na referida ciência para elaborar suas regras de demonstração. "O que eu pretendo aqui é dar o método de demonstrar as verdades já encontradas. [...] Para tanto, limitar-me-ei a explicar o método seguido pela geometria [...]" (PASCAL, B. Do espírito geométrico. In: *Opúsculos*. Lisboa: Guimarães, 1960, p. 81).

em estado de impotência natural e imutável para tratar qualquer ciência em uma ordem perfeita[27].

Chegamos, neste ponto, a uma profunda discordância que há entre Pascal e Descartes: enquanto, para este último, toda ciência parte (ou deveria partir) de ideias claras e distintas que, por isso mesmo, nos proporcionam acesso à própria natureza daquilo que representam[28], nosso filósofo vê nos *termos primitivos*[29] e nos *primeiros princípios*[30] elementos que, estando no limiar de qualquer discurso, testemunham, antes de mais nada, nossos limites.

Explicamo-nos: para Pascal, o fato de não conseguirmos definir palavras como *tempo, espaço, movimento* e *ser* não significa, em absoluto, que conheçamos – intuitivamente – a essência de tais coisas (como, cartesianamente, poder-se-ia pensar). Ao invés disso, nosso filósofo preferirá ressaltar que tal incapacidade deve chamar nossa atenção

---

27. PASCAL, B. Do espírito geométrico. In: *Opúsculos*. Lisboa: Guimarães, 1960, p. 85.

28. Em sua famosa *prova ontológica*, Descartes vale-se deste seu pressuposto para demonstrar a existência divina (cf. *Quinta meditação,* § 7-10).

29. Que, de modo geral, nomeiam as ideias que René Descartes defende serem "claras e distintas".

30. Tais como o princípio de identidade, do terceiro excluído e de causalidade.

para o fato de que não podemos responder pelo fundamento primeiro de nossos conhecimentos[31].

No limite, os nomes – incluídas, aí, as palavras primitivas – só servem para "resumir o discurso, exprimindo [...] aquilo que só se poderia dizer utilizando-se vários termos"[32]. Certamente, à audição do vocábulo *tempo*, voltamos toda nossa atenção ao mesmo "objeto". Isto, entretanto, não significa que saibamos o que é o tempo – sobre cuja natureza muito dificilmente chegaríamos a um consenso.

A já mencionada "árvore do saber" é outra das teses cartesianas que Pascal jamais poderia endossar. Ora, nosso filósofo não crê que a razão humana, abandonada a si própria, seja capaz de dizer a menor das coisas a respeito de Deus[33] – o que, na medida em que problematiza a legitimidade da metafísica, poda as raízes do projeto de Descartes.

---

31. Voltaremos a isto na próxima lição.

32. PASCAL, B. Do espírito geométrico. In: *Opúsculos.* Lisboa: Guimarães, 1960, p. 83.

33. "Não me ocupo aqui das verdades divinas [...] pois se acham infinitamente acima da natureza: só Deus as pode estabelecer na alma, e da maneira que mais lhe agradar. Sei que Ele quis que transitassem do coração para o espírito, e não deste para o coração, para humilhar este soberbo poder do raciocínio que pretende erigir-se em juiz daquilo que a vontade escolhe [...]" (PASCAL, B. Do espírito geométrico – Seção II: Da arte de persuadir. In: *Opúsculos.* Lisboa: Guimarães, 1960, p. 102.

Que não se pense, todavia, que, com isto, Pascal esteja negando – por exemplo – a possibilidade da física ou da mecânica: ao invés disso, o que está sendo posto em xeque é – simplesmente – a pretensão de sistematização do conhecimento em um todo coeso. Sejamos mais humildes, pois, e nos contentemos com os saberes "locais".

Aliás, despertar a humildade de seus leitores é algo a que Pascal se dedica ao longo de boa parte do texto de que ora tratamos, em páginas nas quais versa sobre "as duas infinitudes em que tudo se encontra: uma de grandeza, outra de pequenez"[34]. Como mais tarde viria nos confirmar um fragmento dos *Pensamentos*, por meio de tais reflexões – em princípio, abstratas – o filósofo tencionava, sobretudo, levar o homem a "apavorar-se de si próprio" e, consequentemente, abrir-se ao sobrenatural[35]:

> Quem assim raciocinar há de apavorar-se de si próprio e, considerando-se apoiado

---

34. PASCAL, B. Do espírito geométrico. In: *Opúsculos*. Lisboa: Guimarães, 1960, p. 91. A análise do *infinitamente grande* e do *infinitamente pequeno* é um dos pontos mais populares da filosofia de Pascal. Para sua compreensão, recomendamos a leitura de PONDÉ, L.F. *O homem insuficiente*. São Paulo: Edusp, 2001 – notadamente o cap. 4: "Variações conceituais da insuficiência nos *Pensées*".

35. "Assim é que cada um pode aprender a apreciar-se pelo que autenticamente é, e a formar ideias que valem mais que tudo o mais, incluindo a geometria" (PASCAL, B. Do espírito geométrico. In: *Opúsculos*. Lisboa: Guimarães, 1960, p. 101).

> na massa que a natureza lhe deu, entre esses dois abismos do infinito e do nada, tremerá à vista de tantas maravilhas; e creio que, transformando sua curiosidade em admiração, preferirá contemplá-las em silêncio a investigá-las com presunção.
>
> Afinal, o que é o homem dentro da natureza? Nada em relação ao infinito; tudo em relação ao nada; um ponto intermediário entre o tudo e o nada. Infinitamente incapaz de compreender os extremos, tanto o fim das coisas como o seu princípio permanecem ocultos num segredo impenetrável [...].
>
> [...] O autor destas maravilhas conhece-as; e ninguém mais[36].

Terminando aqui este breve cotejo de alguns pontos da filosofia de Descartes e de algumas teses que povoam o *Do espírito geométrico* de Blaise Pascal, pretendemos ter indicado que, se ambos autores preferem o método matemático àquele da lógica tradicional, suas posições são irreconciliáveis no que tange à (in)capacidade humana de fundamentar a verdade, bem como de organizar os saberes sob a égide de um todo orgânico.

Por fim, transcreveremos as regras cuja obediência Pascal julga ser imprescindível no processo

---

36. PASCAL, B. *Pensamentos*. 2. ed. São Paulo: Martim Fontes, 2005, Laf.199/Br.72, p. 80.

de demonstração das verdades *já conhecidas*, deixando a cargo do leitor os paralelos que podem ser estabelecidos entre elas e as regras cartesianas expostas acima – lembrando, ainda, que a confrontação de duas filosofias se afigura como um instrumento valiosíssimo para a melhor compreensão de cada uma delas.

> *Regras necessárias para as definições*: não admitir nem um termo obscuro ou equívoco, sem definição. Só empregar nas definições termos perfeitamente conhecidos ou já explicados.
>
> *Regras necessárias para os axiomas*: estabelecer como axiomas somente coisas evidentes.
>
> *Regras necessárias para as demonstrações*: provar todas as proposições empregando apenas axiomas muito evidentes por si próprios, ou proposições já demonstradas ou aceites. Nunca abusar da equivocidade dos termos, não deixando de substituir mentalmente as definições que os registram ou explicam[37].

---

37. PASCAL, B. Do espírito geométrico – Seção II: Da arte de persuadir. In: *Opúsculos*. Lisboa: Guimarães, 1960, p. 109-110.

Quarta lição

Pascal e o ceticismo

Não são poucos os argumentos céticos da tradição ocidental que povoam a obra de Blaise Pascal. Apesar disso, a maior parte de seus comentadores são relutantes em classificá-lo como sendo, ele próprio, um pensador cético[38]. Aliás, em que pese declarar, com todas as palavras, que "o pirronismo é a verdade"[39], nosso filósofo também nunca se utilizou de tal adjetivo – cético – para referir-se a si mesmo.

Assim, nossa tarefa nesta lição será tripla: primeiramente, elencaremos os "argumentos céticos" trabalhados por Pascal; em seguida, apresentaremos uma hipótese que dê conta de explicar o fato

---

38. Este não é o nosso caso. Para uma pormenorizada defesa do ceticismo pascaliano, cf. MANTOVANI, R. *Limites de apologia cristã*. São Paulo: Garimpo, 2016.

39. PASCAL, B. *Pensamentos*. 2. ed. São Paulo: Martins Fontes, 2005, fragmento Laf.691/Br.432, p. 283.

de o autor não se autonomear cético e, por fim, esboçaremos – muito sucintamente – algumas distinções existentes entre a nossa interpretação e a daqueles que negam que a filosofia pascaliana filia-se à linha de pensamento iniciada por Pirro[40].

No fragmento Laf.131/Br.434 dos *Pensamentos*[41], Pascal afirma ser um dos pontos mais fortes da filosofia cética a famosa hipótese do *gênio maligno*[42]. O argumento reza que não há como termos certeza de que não somos frutos do mero acaso ou ainda da mente perversa de um *deus enganador* – e que, portanto, não há como termos certeza de que nossos raciocínios, mesmo os mais básicos, mantêm qualquer relação com a realidade.

Ora, diferentemente de René Descartes, que pretende contornar esta dificuldade por meio de consecutivos malabarismos racionalistas[43], Pascal não crê que possamos nos desembaraçar do que aventa tal argumento senão por meio da fé – de

---

40. Pirro, 318-272 a.C., primeiro filósofo cético – motivo pelo qual o *ceticismo* é chamado, não raro, de *pirronismo*.

41. PASCAL, B. *Pensamentos*. 2. ed. São Paulo: Martins Fontes, 2005, fragmento Laf.131/Br.434, p. 44.

42. Eternizada por René Descartes na primeira *Meditação*.

43. Notadamente, nas segunda e terceira *Meditações*.

modo que, do ponto de vista das capacidades meramente humanas, a hipótese do *gênio maligno* se nos impõe como um obstáculo intransponível.

Entre "as principais forças dos pirrônicos", nosso filósofo aloca, ainda, o argumento do *sonho*[44] – segundo o qual é impossível provarmos (aos outros e a nós mesmos) que, neste exato momento, não estamos dormindo. Quantas vezes já não nos ocorreu estarmos plenamente convencidos de que nos encontramos em vigília, quando, de repente, nos surpreendemos em nossos leitos, notando que tudo quanto nos tinha passado não era senão fruto de nossa imaginação?

Entretanto, isto não é tudo. Apesar de os argumentos do *gênio maligno* e do s*onho* serem, certamente, as hipóteses mais ineludíveis dos céticos, Pascal coloca a seu lado:

> os discursos feitos pelos pirrônicos contra as impressões do hábito, da educação, dos costumes dos países e outras coisas semelhantes que, embora arrastem a maioria dos homens comuns que só dogmatizam sobre esses vãos fundamentos, são derrubadas pelo menor sopro dos pirrônicos.

---

44. PASCAL, B. *Pensamentos*. 2. ed. São Paulo: Martins Fontes, 2005, fragmento Laf.131/Br.434, p. 44-45.

> Basta olhar os seus livros; se não se estiver bastante persuadido, bem depressa se ficará, e talvez demais[45].

Com efeito, são poucos os homens que conseguem se livrar da influência – muitas vezes funesta – dos costumes nos quais foram criados e da educação que receberam. Por exemplo: um indivíduo que, durante anos, ouviu de seus preceptores que a Terra é o centro do universo, muito provavelmente se recusará a aceitar evidências que contrariem esta sua crença tão arraigada. Do mesmo modo, é quase certo que um homem do povo considere – irrefletidamente – serem os costumes e as leis de seu país regras que acordam, em tudo, com a Justiça[46].

Há, além disso, outros fatores capazes de "turvar nossos raciocínios", dentre os quais Pascal – no fragmento Laf.44/Br.82[47] – ressaltará a *doença,* o *interesse* e a *novidade.*

As grandes e graves doenças, ninguém o nega, são capazes de interferir em nossa capacidade de

---

45. Ibid., fragmento Laf.131/Br.434, p. 45. Sobre a preocupação que o autor manifesta nas últimas duas linhas do trecho citado, cf. nota 57.

46. No fragmento Laf.60/Br.294, Pascal aborda, detidamente, a questão da Justiça – defendendo que a desconhecemos por completo.

47. Ibid., fragmento Laf.131/Br.434, p. 12-17.

raciocínio, por vezes até mesmo nos levando à completa insanidade. Ora, dirá o filósofo, quem poderá nos garantir que as pequenas enfermidades – das quais, em princípio, todos padecemos – não afetam, em alguma medida, nosso julgamento?

Quanto ao *interesse*, quem poderia negar que sempre julgamos que a verdade está do nosso lado e do lado daqueles que amamos? Uma mãe nunca julga serem crimes as reiteradas atrocidades cometidas por seu filho: todos temos uma tendência natural para "legislar em causa própria".

Aliás, quando se trata da verdade, a *novidade* de uma tese ou teoria também é capaz de dela nos afastar consideravelmente. Explica-se: Pascal defende que o homem é um ser que arde no desejo de se diferenciar dos demais; assim, no afã de destacar-se da massa formada por seus semelhantes, torna-se receptivo – e, às vezes, fervoroso defensor – de ideias que jamais teria aceito se sobre elas tivesse refletido de maneira isenta e desapaixonada.

Por fim, o filósofo frisa que a imaginação não é somente capaz de nos enganar através de sonhos indiscerníveis do estado de vigília. Tal potência – enganadora por excelência – faz com que, constantemente, julguemos ter encontrado a verdade onde, na realidade, só há erro e engodo. De acordo com

Pascal, a perfídia da imaginação revela-se, com especial clareza, quando nos debruçamos sobre o caso específico do prestígio de que juízes e médicos gozam junto ao vulgo – prestígio este que, segundo o filósofo, não se deve a qualquer ciência que estes profissionais deteriam, mas tão somente a suas vestimentas espalhafatosas e à parafernália que os cerca:

> As suas togas vermelhas, os arminhos com que se acalentam, os palácios onde julgam, as flores-de-lis, todo esse aparato augusto era bem necessário, e se os médicos não tivessem batas e mulas, e se os doutores não tivessem barretes quadrados e roupas muito amplas de quatro partes, jamais poderiam ter enganado o povo que não pode resistir a essa exibição tão autêntica[48].

Agora, uma vez listada boa parte dos argumentos céticos endossados por Pascal[49], cabe perguntar: Por que o filósofo, em nenhum momento, refere-se a si próprio como um pensador "pirrônico"? Bem, cremos que há duas razões para isto. Se não, vejamos.

---

48. Ibid., fragmento Laf.44/Br.82, p. 14.

49. Que aparecem sob sua pena não só nos *Pensamentos,* mas também na *Conversa com o Sr. de Sacy* – de que falaremos a seguir.

Na *Conversa com o Sr. de Sacy*[50] – um dos diretores espirituais do monastério de Port-Royal des Champs –, Pascal ressalta o valor que teriam para o "cristão tépido" (ou para aqueles aos quais se pretende converter à "verdadeira fé") as leituras de Epiteto e de Montaigne.

Enquanto a leitura da obra do estoico seria recomendável por ter sido ele "um dos filósofos do mundo que melhor conheceram os deveres do homem"[51], a leitura dos *Ensaios* montaignianos seria útil na exata medida em que nos evidenciaria nossa incapacidade de conhecer, com certeza, a menor das coisas do mundo: pensamento este que nos revela nossa pequenez, nos humilha e nos mantém afastados da tentação de questionar a tradição (política e religiosa) em nome de uma Justiça e de uma Verdade que, no limite, ignoramos por completo.

É, todavia, nas ressalvas que faz à filosofia de Epiteto e de Montaigne que assistimos vir à tona os motivos pelos quais Pascal não classifica, a si próprio, como cético.

---

50. Tal colóquio deu-se em janeiro de 1655, por ocasião de um dos retiros de Blaise Pascal na abadia de Port-Royal. A *Conversa* não foi registrada por nosso filósofo, mas sim Nicolas Fontaine – secretário do Sr. de Sacy.

51. PASCAL, B. *Entretien avec Sacy sur la philosophie.* Paris: Actes Sud, 2003, p. 26.

Ora, se o estoico é recriminado por defender que está ao alcance do homem – desprovido de qualquer auxílio divino – cumprir todos seus deveres, Montaigne (chamado, por Pascal, de "puro pirroniano"[52]) será alvejado por – ao ter notado a incerteza de todos os saberes – concluir que devemos "permanecer em repouso"[53], deixando a pesquisa da verdade para os outros.

De fato, desde Pirro, pensadores céticos consideram a busca pela verdade uma doença da qual o homem só se libertaria por meio da suspensão do juízo (*epoché*) – suspensão esta que resultaria na tão desejada tranquilidade da alma (*ataraxia*). Pois bem: ainda que um cristão cioso de sua fé – tal como Pascal – possa conceder que o homem nada sabe[54], ele jamais poderia concordar com a proposta montaigniana de mantermo-nos indiferentes à verdade – ou seja, ao próprio Cristo.

Some-se, ao descaso de Montaigne no que toca à procura da verdade, a moral frouxa e laxista que Pascal julga poder ser depreendida de seus escritos[55], e então entende-se a razão que pode ter demovido

---

52. Cf. ibid., p. 30.

53. Ibid., p. 44.

54. Afirmação em tudo consonante com a doutrina da Queda, de que ainda voltaremos a falar inúmeras vezes.

55. Cf. PASCAL, B. *Pensamentos*. Fragmento Laf.680/Br.63.

nosso filósofo de se autoclassificar como cético[56]; afinal, tudo indica que:

> do ponto de vista do apologeta, tais palavras [cético e pirrônico] não se limitam a designar aqueles que foram capazes de se livrar das ilusões de uma razão megalomaníaca, mas nomeiam também aqueles que, desiludidos de alcançar o *verdadeiro bem*, não se dedicam senão a buscar sua comodidade[57].

Isto dito, demarquemos, finalmente, algumas dissonâncias existentes entre nossa interpretação e a daqueles que negam a possibilidade de Pascal pertencer à tradição cética do Ocidente[58]. A argu-

---

56. Apesar de, como vimos acima, endossar praticamente todos os argumentos da tradição cética.

57. MANTOVANI, R. *Limites da apologia cristã.* São Paulo: Garimpo, 2016, p. 41. Note-se que, com isto, explica-se o porquê de Pascal temer que, ao se ler os livros dos céticos, fique-se "persuadido demais" pelo que lá é dito – pois, ainda que a "epistemologia" pirrônica seja verdadeira, sua moral é anticristã e, portanto, inaceitável. Cf. PASCAL, B. *Pensamentos.* 2. ed. São Paulo: Martins Fontes, 2005, fragmento Laf.131/Br.434, p. 45.

58. Nossa intenção não é, aqui, caricaturar ou deslegitimar a interpretação dos especialistas pascalianos que discordam daquilo que defendemos. Desta maneira, se mencionamos sua posição, o fazemos tão somente para, ao assim proceder, apresentar ao leitor certos aspectos controversos do pensamento de Pascal que, de outro modo, permaneceriam intocados. Para uma interpretação da filosofia pascaliana oposta à nossa no que tange ao tema tratado na presente lição, cf. LEBRUN, G. *Blaise Pascal.* São Paulo: Brasiliense, 1983.

mentação destes últimos, via de regra, enraíza-se no atípico fragmento Laf.110/Br.282, onde se lê:

> Conhecemos a verdade não apenas pela razão, mas também pelo coração. É desta última maneira que conhecemos os primeiros princípios, e é em vão que o raciocínio, que não toma parte nisso, tenta combatê-los. [...] Pois os conhecimentos dos primeiros princípios: espaço, tempo, movimento, números, são tão firmes quanto qualquer daqueles que nossos raciocínios nos dão e é somente sobre esses conhecimentos do coração e do instinto que é necessário que a razão se apoie e fundamente seu discurso.
> [...] E é por isso que aqueles a quem Deus deu a religião por sentimento de coração são bem-aventurados e muito legitimamente persuadidos [...][59].

Mas, o que faz do fragmento acima uma passagem *sui generis* da obra pascaliana?[60] Notadamente,

---

59. PASCAL, B. *Pensamentos*. 2. ed. São Paulo: Martins Fontes, 2005, fragmento Laf.110/Br.282, p. 38-39.

60. Note-se que a especificidade do fragmento Laf.110/Br.282 não é algo costumeiramente aceito pelos que negam o ceticismo pascaliano. Por outro lado, como se verá adiante, acusar a especificidade do fragmento em questão é um passo que se nos afigura importante para inscrever Pascal na tradição cética – uma vez que, ao se relegar o conhecimento dos "primeiros princípios" à luz *natural*, cumpre confessar que sua pretensa certeza é inegavelmente comprometida pela *queda*: singularidade que, segundo Pascal, foi capaz de corromper a natureza em sua totalidade.

a utilização da palavra *coração*. Em primeiro lugar, pode-se dizer, com relativa segurança, que, em Pascal, *coração* é um termo que designa – exclusivamente – aquela "parte" de nós que faz com que amemos algo – tal como se pode deduzir de incontáveis fragmentos dos *Pensamentos*[61], bem como da *Oração para pedir o bom uso das doenças*[62].

Além disso, em *Da arte de persuadir*, Pascal é categórico ao excluir o *coração* da ordem do conhecimento. A alma teria duas vias por meio das quais acolheria em si as diversas opiniões: o *entendimento* e a *vontade* – identificados, no mesmo local, com o *espírito* e o *coração*.

> Os [princípios] do espírito são constituídos por verdades naturais, e conhecidas por toda gente, tais como o todo é maior que a parte, além de vários outros axiomas particulares que alguns aceitam e outros não, mas que, uma vez admitidos, são poderosíssimos [...] embora possam ser falsos. Quanto aos [primeiros motores] da vontade [ou do coração], neles se incluem certos desejos naturais e comuns a todos os homens, como o anseio de vida feliz,

---

61. Cf., p. ex., PASCAL, B. Fragmento Laf.298/Br.283.

62. Originalmente, *Prière pour demander a Dieu le bom usage des maladies* – escrita por volta de 1647.

além de vários objetos particulares que cada um segue no intento de os alcançar[63].

Ao se crer no que nos é dito ao longo de toda obra pascaliana[64] – e defendido, com particular clareza, no trecho que acabamos de transcrever –, o *coração* não é a instância responsável pelo conhecimento do que quer que seja: inclusive dos "primeiros princípios". Mas, se é assim, como compreender o – único – fragmento onde Pascal contradiz esta tese?

A respeito disso, Henri Gouhier – aquele que possivelmente seja o maior dos comentadores pascalianos – não nos deixa sem pistas[65]. Gouhier afirma que, no fragmento Laf.110/Br.282, trata-se, acima de tudo, de estabelecer uma analogia entre o que acontece no âmbito da religião e no âmbito da ciência. Se, na religião, o amor que Deus nos inspira é algo que se encontra fora da alçada da razão, os princípios de que parte toda ciência também se encontram para além de qualquer raciocínio – constituindo a sua base mesma.

---

63. PASCAL, B. *Do espírito geométrico* – Seção II: Da arte de persuadir. In: *Opúsculos*. Lisboa: Guimarães, 1960, p. 103.

64. Excetuado o polêmico fragmento Laf.110/Br.282.

65. GOUHIER, H. *Blaise Pascal*: conversão e apologética. São Paulo: Discurso, 2006, p. 85-111.

Com isto – percebe-se –, Pascal pretende criticar aqueles que, fazendo profissão de só admitir coisas "demonstradas", repreendem os crentes por dedicarem suas vidas a um ser cuja existência é inabarcável pelas capacidades cognitivas do homem. Ora, dirá o filósofo, a própria razão parte, a todo momento, de *indemonstráveis*[66] cuja verdade nunca é posta em questão por aqueles que fazem ciência[67] – os quais, nem por isso, são tachados de "irracionalistas" ou algo que o valha.

Do mesmo modo que o *coração* dos religiosos os persuade da existência divina[68], há *algo* nos cientistas que os persuade da verdade dos primeiros princípios. Pois bem: este *algo* – que, no fragmento Laf.110/Br.282, é chamado de *coração* apenas por exercer, no campo do conhecimento, uma função análoga àquela que o verdadeiro *coração* exerce na esfera da religião – é, na realidade, a *luz natural*[69].

---

66. Ou seja, de princípios tais como "tudo tem uma causa" ou "o todo é maior que a parte" – asseverações que não podem ser demonstradas, mas que, apesar disto, estão na base de todas as demonstrações.

67. Ainda que, como sabemos, a pretensão de que sejam "verdades absolutas" seja legitimamente posta em xeque pelos céticos.

68. Persuasão esta que, de maneira alguma, deve ser confundida com um "conhecimento de Deus", totalmente impossível ao homem decaído.

69. Como se pode depreender de todo o *Do espírito geométrico*.

No entanto, será que se pode dizer que os conhecimentos oferecidos por esta *luz natural* são firmes a ponto de resistirem à avassaladora força dos argumentos céticos já elencados. Certamente, *não*. Sobre isso, basta que frisemos que, no início do fragmento Laf.131/Br.434, ainda por ocasião da apresentação do argumento do *gênio maligno*, Pascal dirá que o fato de sentirmos os primeiros princípios *naturalmente* em nós:

> não é uma prova convincente de sua verdade, visto que, não tendo certeza, afora a fé, se o homem foi criado por um deus bom, por um demônio mau ou ao acaso, ele fica em dúvida se esses princípios nos são dados ou como verdadeiros, ou como falsos, ou como incertos segundo a nossa origem[70].

É certo, também, que nosso filósofo afirma[71] que não nos é possível duvidar, sinceramente, dos citados "primeiros princípios da razão" – o que, todavia, não impugna a dúvida cética que sobre eles recai, mas tão somente ressalta nossa incapacidade de, no dia a dia, problematizarmos os elementos de

---

70. PASCAL, B. *Pensamentos*. São Paulo: Martins Fontes, 2005, fragmento Laf.131/Br.434, p. 44.

71. Cf. o mesmo fragmento, p. 45-47.

que partem todos os nossos raciocínios. Não conseguimos, de fato, duvidar de que dois mais dois seja quatro: isto, entretanto, não nos garante a verdade de tal afirmação, revelando apenas uma de nossas inúmeras limitações – notadamente, nossa limitação *psicológica* de colocar tudo em questão.

Terminando aqui esta quarta lição, gostaríamos de deixar evidente, pois, nossa principal discordância em relação à posição defendida por aqueles que acreditam que Blaise Pascal *não* é um pensador cético. Qual seja: enquanto estes especialistas, via de regra, sustentam que o *coração* pascaliano é a instância responsável pelo conhecimento dos primeiros princípios – conhecimento este que, de algum modo, estaria fora do alcance da mais profunda argumentação pirrônica –, nós defendemos que o elemento responsável por tais conhecimentos é a *luz natural*[72], a qual, como demonstramos, é inca-

---

72. Como já adiantamos em nota, acreditamos que a compreensão de que é a *luz natural* – e não o *coração* (com o qual não se confunde) – a instância responsável pelo conhecimento dos *primeiros princípios* facilita a aceitação da tese que afirma ser Pascal um filósofo cético. Afinal, esta *luz,* enquanto *natural*, jamais poderia fornecer-nos algo de cuja veracidade não poderíamos, de direito, duvidar. A este respeito, não subestimemos as funestas consequências que Pascal atrela ao *pecado original*, particularmente no que tange à nossa natureza. Sobre isso, citemos, de passagem, o inequívoco trecho do fragmento Laf.149/Br.430, onde a "sabedoria divina" declara: "já não estais mais no estado em que vos criei. Criei o homem santo, inocente, perfeito, cumulei-o de luz e de

paz de fornecer-nos saberes que estejam ao abrigo dos ataques céticos.

---

inteligência, comuniquei-lhe a minha glória e as minhas maravilhas. [...] Não estava então nas trevas que o cegam" (PASCAL, B. *Pensamentos*. 2. ed. São Paulo: Martins Fontes, 2005, fragmento Laf.149/Br.430, p. 62). Ora, se no estado adâmico a "luz" com que estávamos cumulados nos brindava com o conhecimento das maravilhas do Éden, a parca luz que agora nos resta – a "luz natural" – está longe de poder dissipar "as trevas que nos cegam". Voltaremos a isso na próxima lição.

Quinta lição
Deus e a necessidade da *aposta*

Pascal é, em grande medida, um pensador do *pecado original* – ou melhor, um pensador das aterradoras consequências da *queda* adâmica. Ora, um dos catastróficos efeitos de termos voltado as costas a Deus se faz sentir em nossa presente incapacidade de apreendermos a Verdade de maneira inquestionável[73].

A propósito, quando dizemos que Pascal é um pensador cético, não pretendemos afirmar senão isto: que nosso filósofo não crê que esteja ao alcance humano qualquer conhecimento absoluto (ou completamente fundamentado) sobre o que quer que seja – o que não significa, de modo algum, que não se possa considerar determinadas

---

73. De modo que tanto fatores filosóficos (os argumentos da tradição pirrônica) quanto fatores religioso-teológicos (certa interpretação da Doutrina da Queda) são responsáveis pelo ceticismo pascaliano.

teses e atitudes mais *razoáveis* do que outras que, porventura, se lhes oponham[74].

Mas, se é assim, vale perguntar: Por que, no projeto pascaliano de apologia do cristianismo, não há nenhuma das tradicionais demonstrações metafísicas da existência de Deus? Afinal, se tais provas não podem ser consideradas completamente probantes[75], elas, ao menos em princípio, poderiam ser consideradas bons argumentos a favor da existência divina.

Pois bem. Além dos motivos epistemológicos que levam o filósofo a não se utilizar de cada uma das referidas demonstrações[76], há razões – de caráter estritamente teológico – das quais se pode dizer que foram determinantes para demover Pascal de semelhante empreitada. Senão, vejamos.

Cremos que a primeira destas razões se revela, com particular clareza, no trecho a seguir:

> *Quod curiositate cognoverunt, superbia amiserunt* (aquilo que a curiosidade deles os fizera descobrir, a sua soberba os fez

---

74. Até porque, se assim não fosse, Pascal jamais teria se dado ao trabalho de elaborar uma apologia da religião cristã.

75. Em decorrência da dúvida cética que recai sobre os próprios princípios de todo e qualquer raciocínio.

76. Motivos que expusemos pormenorizadamente em MANTOVANI, R. *Limites epistemológicos da apologia cristã*. São Paulo: Garimpo, 2016.

> perder). É isso que produz o conhecimento de Deus que se obtém sem Jesus Cristo, que consiste em se comunicar, sem mediador, com o Deus que se conheceu sem mediador[77].

Explica-se: o homem que julgar ter provado a existência divina corre o risco – nada desprezível – de acreditar ter sido capaz de chegar até Deus única e exclusivamente por meio de suas capacidades. Ora, dirá Pascal, quem assim pensar, mesmo que, de fato, tenha elaborado raciocínios que, de algum modo, apontem para o Criador, irá, automaticamente, dele se tornar indigno – pois, no fundo, estará reincidindo no pecado do pai do gênero humano, qual seja, o orgulho.

Mas isto não é tudo. No fragmento transcrito abaixo delineia-se, ainda, um outro motivo que faz com que Pascal se negue, de modo cabal, a utilizar-se das famosas demonstrações metafísicas da existência de Deus:

> Todos aqueles que buscam a Deus fora de Jesus Cristo e que param na natureza, ou não encontram luz alguma que os satisfaça, ou conseguem formar para si um meio de conhecer a Deus e de servi-lo sem mediador, e por essa via caem, ou no

---

77. PASCAL, B. *Pensamentos*. 2. ed. São Paulo: Martins Fontes, 2005, fragmento Laf.190/Br.543, p. 76.

ateísmo, ou no deísmo, que são, ambos, coisas que a religião cristã abomina quase que igualmente[78].

Aqui, nosso filósofo trata de descrever os dois caminhos pelos quais podem se extraviar todos aqueles que tentarem abarcar Deus por meio de sua razão demasiadamente humana: *ou* considerarão que se trata de uma tarefa impossível – e, a partir disto, chegarão à conclusão de que tornar-se ateu é a mais razoável das atitudes –, *ou*, por acreditarem ter estabelecido um "contato imediato" com a divindade, passarão a desprezar a religião como algo desnecessário – tornando-se deístas.

Neste ponto é central que se perceba o seguinte: o Deus a que se pretende ter chegado por meio das demonstrações metafísicas de sua existência pode, muito bem, ser o *Designer* do universo, o Autor das verdades eternas, o Primeiro Motor ou o Ser perfeitíssimo – mas nunca será o Salvador do gênero humano.

Com efeito, a Encarnação – enquanto acontecimento histórico – é um dado a que não se pode chegar simplesmente por meio de raciocínios. No entanto – dirá o autor –, para o homem decaído, importa, acima de tudo, tomar conhecimento do Deus-

---

78. Ibid., fragmento Laf.449/Br.556, p. 182.

-Homem: o Deus que, por nos amar sobremaneira, padeceu na cruz para redimir nossos pecados[79].

Por tudo quanto dissemos, cremos já ter ficado evidente para o leitor as principais razões que fazem com que Pascal não se utilize das demonstrações metafísicas de que tratamos. Afinal, ainda que se concedesse que tais provas constituem bons argumentos a favor da existência divina, elas, perigosamente, exacerbam o orgulho humano – além de não nos revelarem a caridade de Deus nem a dependência em que nos encontramos relativamente a Ele.

Certamente, é essencial que se leve o homem tão próximo de Deus quanto possível – e Pascal, enquanto bom apologeta, nunca abre mão disto. Esse processo, todavia, não se confunde com uma elevação do humano. Ao contrário: trata-se de acusar, a todo momento, nossa baixeza, depravação e insuficiência. Será precisamente por isto que, às tradicionais demonstrações metafísicas da existência de Deus, o filósofo preferirá as provas históricas do cristianismo[80] e os raciocínios que ressaltam

---

79. Isto não significa, em absoluto, que o Deus-Homem (Jesus Cristo) não possa ser considerado, p. ex., o *Designer* do universo ou o Ser perfeitíssimo – mas apenas que, por conta de nosso estado decaído, Deus interessa-nos, antes de mais nada, enquanto Salvador.

80. Que, ao nos apresentarem o Deus encarnado, apresentam-nos, simultaneamente, nossa necessidade de redenção. Cf. nona lição.

o poder explicativo – e, portanto, a razoabilidade – da doutrina da Queda[81].

Aliás, a famosa *aposta* de Pascal – que passamos a analisar a partir de agora – não é senão isto: uma argumentação que almeja evidenciar ao homem o quanto sua felicidade depende daquele que o criou.

Registrada, em sua totalidade, no fragmento Laf.418/Br.233 dos *Pensamentos*, a argumentação da *aposta* pascaliana – que se desenvolve sob a forma de um diálogo em que tomam parte um cristão e um libertino – tem como ponto de partida e pressuposto a seguinte declaração: "Falemos agora segundo as luzes naturais. [...] Examinemos, pois, este ponto. E digamos: Deus existe ou não existe; mas para que lado penderemos? A razão nada pode determinar a esse respeito"[82].

Pascal é taxativo: é impossível se demonstrar a existência divina de modo certo e seguro. Mesmo os argumentos que apoiam a veracidade da doutrina da Queda e do advento do Cristo – e que são

---

81. Que, como é ocioso frisar, põe às claras toda nossa corrupção. Cf. lições seis e sete.

82. PASCAL, B. *Pensamentos*. 2. ed. São Paulo: Martins Fontes, 2005, fragmento Laf.418/Br.223, p. 159.

muito apreciados por nosso filósofo[83] – não são completamente impermeáveis a eventuais críticas. Assim, em última instância, não temos como saber se Ele, de fato, existe.

Entretanto, se a razão pode dizer muito pouco a esse respeito, o desejo de felicidade que habita o âmago de todos os homens exige que tomemos a atitude que nos seja mais vantajosa. E que, nesse ponto, o agnóstico não se iluda: aquele que, por falta de luzes, pretende abster-se de apostar na existência – ou na não existência – da divindade, na prática já aposta que Deus não existe. Com efeito, apostar:

> é uma exigência da existência. Eu sou, logo aposto. Existir, quer queiramos ou não, é existir com Deus ou existir sem Deus. Eu tenho liberdade de escolher "com Deus" ou "sem Deus": eu não tenho escolha entre escolher e não escolher[84].

Mas, se é assim, que partido tomar? Vejamos: se apostarmos que Deus existe, caso estejamos certos, ganhamos uma *"infinidade de vida infini-*

---

83. E que, como vimos, são preferidos às demonstrações metafísicas da existência de Deus por, ao contrário destas, mostrarem-nos nossa pequenez.

84. GOUHIER, H. *Commentaires*. Paris: Vrin, 2005, p. 254.

tamente feliz"[85] – e, caso estivermos errados, nada perdemos. Por outro lado, se apostarmos que Deus não existe, caso estejamos certos, nada ganharemos – ao passo que, caso estejamos errados, seremos condenados e eternamente privados da beatitude que somente Ele poderia nos proporcionar.

Uma vez assim arranjados os dados do problema, a aposta na existência de Deus se nos apresenta como uma escolha óbvia. No entanto, é preciso irmos mais devagar: o interlocutor ateu de Pascal não está disposto a aceitar a tese de que os prazeres desta vida nada valem – e, portanto, tem receio de deles abrir mão em nome de uma recompensa futura tão incerta, a saber, o paraíso prometido àqueles que devotarem suas existências ao Criador.

Frente à hesitação daquele que pretende converter, Pascal assevera: ainda que concedamos algum valor intrínseco à vida terrena, estaríamos matematicamente autorizados a arriscá-la quando o prêmio prometido consistisse em duas vidas (já que temos uma chance em duas de sermos bem-sucedidos em nossa aposta)[86]. Ademais, com base nisso, quando o prêmio a ser ganho fosse não duas, mas três vidas, seríamos praticamente obrigados a apostar.

---

85. PASCAL, B. *Pensamentos*. 2. ed. São Paulo: Martins Fontes, 2005, fragmento Laf.418/Br.223, p. 161.

86. Uma vez que só há duas opções: *ou* Deus existe *ou* Deus não existe.

Sem embargo, este ainda não é o caso da religião cristã. Com efeito – já o sabemos – o cristianismo promete, àqueles que se absterem das frívolas coisas mundanas, uma "infinidade de vida infinitamente feliz", isto é, uma vida infinitamente superior à atual, *tanto* em termos de quantidade *quanto* em termos de qualidade.

Note-se, por fim, que a desproporção infinita existente entre aquilo que se aposta e aquilo que se pode ganhar, de maneira alguma, é equivalente à desproporção que há entre a certeza da posse daquilo que se aposta (nossa vida presente) e a incerteza do prêmio (a vida eterna) – uma vez que tal desproporção seria infinita somente entre a certeza da existência atual e a certeza da inexistência do paraíso. Ora, sabemos que este não é o caso. Apostemos, pois, sem pestanejar, que Deus existe.

A essa altura, o interlocutor libertino, sentindo-se vencido pela argumentação do apologeta, desabafa: "estou com as mãos atadas e a boca emudecida, forçam-me a apostar, e não tenho liberdade, não me soltam e sou feito de tal maneira que não posso acreditar. Que quereis então que eu faça?"[87]

Ora, por saber que a fé é um dom divino e que a verdadeira conversão depende – única e exclusi-

---

87. PASCAL, B. *Pensamentos*. 2. ed. São Paulo: Martins Fontes, 2005, fragmento Laf.418/Br.223, p. 162.

vamente – da graça salvífica, Pascal estava consciente, desde o início, de que seu interlocutor não passaria a acreditar em Deus de uma hora para outra, tão logo fosse convencido por seus argumentos.

Deve-se notar que, por meio da argumentação da *aposta* – bem como através da apresentação dos argumentos que, até certo ponto, provam a veracidade da Encarnação e da doutrina da Queda[88] – o filósofo não visa senão isto: mostrar aos homens que o que os afasta da religião não é sua pretensa racionalidade – mas suas paixões. Ainda que a razão humana nada conheça com absoluta certeza, ela é, inquestionavelmente, capaz de nos indicar que a postura daqueles que procuram a Deus na religião cristã é mais razoável do que a atitude daqueles que não o fazem.

Mas, como devem agir aqueles que decidiram buscar a Deus – ou seja, que decidiram apostar que Ele existe na esperança de, um dia, serem abençoados com a graça da fé? Pascal responde: devem *bestificar-se*[89] – isto é, agir como se já tivessem fé,

---

88. E que, como já anunciamos, serão analisados nas lições seis, sete e nove.

89. Do francês *abêtir* – termo técnico pascaliano. Note-se que, ao recomendar àqueles que procuram ter fé que se bestifiquem, o autor não quer dizer senão isto: que realizem, sem maiores questionamentos – portanto, como "bestas" –, certos rituais observados por aqueles que já creem.

frequentando missas, tomando água-benta, confessando-se etc. Isto, certamente, não causará, por si só, a verdadeira conversão. Entretanto, trata-se da única conduta moralmente saudável a ser adotada por aqueles que, desiludidos do valor desta vida, não fazem senão esperar por novas luzes.

> Ora, que mal vos ocorrerá se tomar esse partido? Sereis fiel, honesto, humilde, reconhecido, benfazejo, amigo, sincero, verdadeiro. Na verdade, não estareis nos prazeres emprestados, na glória, nas delícias, mas não tereis acaso outros?
> Digo-vos que já nesta vida ganhareis e que, a cada passo que derdes nesse caminho, vereis tanta certeza de ganho e tanta nulidade daquilo que arriscais, que reconhecereis no fim que apostastes por uma coisa certa, infinita, pela qual nada destes[90].

---

90. PASCAL, B. *Pensamentos.* 2. ed. São Paulo: Martins Fontes, 2005, fragmento Laf.418/Br.223, p. 162.

Sexta lição
Análises político-sociais

Boa parte dos escritos de cunho político de Blaise Pascal encontra-se nos *Pensamentos* – mais precisamente, em um de seus maços, chamado, pelo próprio autor, de Razão dos Efeitos: expressão proveniente da física da época.

O que se vê ocorrer nos fragmentos reunidos sob a referida expressão é a apresentação de determinados dados que, para serem devidamente explicados, exigem que recorramos a um dogma da fé católica, notadamente ao dogma da Queda.

Em alguns destes textos, a exemplo do que ocorre naquele que servirá de base à presente investigação, observamos Pascal utilizar-se de seu famoso método do *renversement du pour au contre* (reviravolta do pró ao contra). Tal método consistirá no alinhamento de diversas opiniões divergentes entre si que, ao se confrontarem, revelarão sua pertinência e seus limites – e apontarão para a superioridade do ponto de vista do "cristão perfeito"[91].

Aqui vale lembrar que, via de regra, quando nosso filósofo reflete sobre questões políticas, ele o faz com fins apologéticos – o que, de modo algum, torna tais reflexões desprovidas de interesse para aqueles que não compartilham – nem pretendem compartilhar – de sua fé. Retenhamos isto e vejamos, pois, o que Pascal tem a nos dizer sobre a honra de que desfrutam os nobres:

> Razão dos efeitos.
> Gradação. O povo honra as pessoas de nascimento ilustre, os semi-hábeis as desprezam dizendo que o nascimento não é um mérito da pessoa, mas fruto do acaso. Os hábeis as honram não pelo mesmo pensamento do povo, mas com segundas intenções. Os devotos que possuem mais zelo do que ciência as desprezam apesar dessa consideração que faz com que sejam honradas pelos hábeis, porque julgam por outra luz que a piedade lhes dá, mas os cristãos perfeitos as honram por uma outra luz superior.

---

91. Termo cujo significado será explicitado mais adiante. Por enquanto, é suficiente que se diga que "cristão perfeito" (assim como "povo", "hábeis" etc.), é um tipo ideal que virá sob a pena de Pascal todas as vezes que ele estiver estruturando sua argumentação de acordo com o método acima assinalado.

Assim vão se sucedendo as opiniões a favor ou contra conforme a luz que se tem[92].

Note-se que o fragmento citado se inicia com a apresentação de um fato bruto: o povo, ou seja, os humildes e simplórios honram as pessoas de nascimento ilustre. Como atestará o filósofo em outra de suas obras – os *Três discursos sobre a condição dos grandes*[93] –, isto só ocorre porque o vulgo tende a crer que os membros das classes dominantes são naturalmente superiores à grande maioria dos homens. Desde seu nascimento, os populares são convencidos de que os poderosos do mundo possuem qualidades que, com efeito, os fazem merecedores dos cargos que ocupam, das fortunas de que usufruem e da afeição de que são objeto.

Entretanto, nem todos compartilham desse respeito quase que irrestrito às "pessoas de grande nascimento". Esse é, por exemplo, o caso dos semi-hábeis – indivíduos que, tendo abandonado o estado de completa ignorância, estão, todavia, muito longe de alcançarem a verdadeira sabedoria. Segundo Pascal, o pouco de conhecimento que lhes foi dado adquirirem é suficiente para que

---

92. PASCAL, B. *Pensamentos*. 2. ed. São Paulo: Martins Fontes, 2005, Laf.90/Br.337, p. 32.

93. Que, ainda nesta lição, será brevemente abordado.

ponham em questão a retidão de todas as normas político-sociais. Para eles, desde a hierarquia que estrutura a sociedade até as leis que regulam seu funcionamento são meras convenções e, como tais, não merecem ser obedecidas.

Ora, como sugere a citação a seguir, o próprio Pascal também não crê que os costumes e as leis sejam algo mais do que simples convenções:

> Sobre o que fundamentará ele [o homem] a economia do mundo que quer governar? Sobre o capricho de cada indivíduo? Que confusão! Será sobre a justiça? Ele a ignora. Certamente se ele a conhecesse não teria estabelecido essa máxima, a mais geral de todas as que existem entre os homens, que cada um siga os costumes do seu país. O esplendor da verdadeira equidade teria subjugado todos os povos. E os legisladores não teriam tomado como modelo, em vez dessa justiça constante, as fantasias e os caprichos dos persas e dos alemães. Vê-la-íamos implantada em todos os estados do mundo e em todos os tempos, em lugar de não se ver nada de justo ou de injusto que não mude de qualidade ao mudar de clima; três graus de aproximação do polo invertem toda a jurisprudência; um meridiano decide a verdade. Em poucos anos de vigência, as

leis fundamentais mudam, o direito tem suas épocas [...][94].

Fazendo eco a Michel de Montaigne (que tem um trecho de sua *Apologia de Raimond Sebond* parafraseado nas linhas acima)[95], nosso filósofo é extremamente cético no que tange à pretensa capacidade que o homem teria de conhecer a justiça. Mas, se é assim, em que erram os semi-hábeis? Não estão certos quando diagnosticam a aleatoriedade das normas que regem as sociedades?

Bem, para Pascal – e para os hábeis – o equívoco dos semi-hábeis está em não notarem que, precisamente pelo fato de não conhecermos a justiça *em si*, toda desobediência civil só poderá causar novos – e, talvez, maiores – males. Dado que a justiça platônica é algo que se encontra fora de nossa alçada, não temos qualquer direito de questionar o *status quo*.

Em regime de completo desconhecimento da verdade, toda revolução não passa de uma tentativa de imposição de taras idiossincráticas. Assim, decretará o hábil pascaliano, "é preciso ter segundas intenções [ou, melhor traduzindo, ter um

---

94. PASCAL, B. *Pensamentos*. 2. ed. São Paulo: Martins Fontes, 2005, Laf.60/Br.294, p. 21.

95. Cf. MONTAIGNE, M. *Ensaios*, II, XII.

'pensamento oculto'[96]], e julgar tudo por esse prisma, falando, entretanto, como o povo"[97].

Como já havíamos visto no fragmento transcrito no início desta *lição*, o hábil é, para nosso filósofo, alguém que irá submeter-se de bom grado às regras sociais – e isto, antes de mais nada, por saber que o mundo é inapto para se curar. Sabendo que o povo só se submete às leis por crê-las expressão da mais pura justiça, deve manter o seu pensamento oculto da massa – a qual, para sua própria perdição, não tardaria a sacudir os jugos tão logo suspeitasse de sua contingência.

Os hábeis, no entanto, serão duramente criticados por aqueles que Pascal chama de devotos; afinal, dirão estes últimos, como se pode continuar indiferente às dores do século tendo-se consciência de que as injustiças que aí estão são, em grande parte, consequências de leis e costumes infundados? Todos somos iguais perante o Criador: assim, não baixemos nossas cabeças frente às potências profanas.

Neste ponto, recordemo-nos, só de passagem, de quantas revoltas e guerras foram, nos séculos

---

96. A expressão francesa utilizada por Pascal é "penséc de derrière".

97. PASCAL, B. *Pensamentos*. 2. ed. São Paulo: Martins Fontes, 2005, Laf.91/Br.336, p. 32.

XVI e XVII – portanto, à época de Pascal –, empreendidas em nome da fé cristã. Lembremo-nos, por exemplo, da Reforma Radical, uma dissenção interna à reforma protestante que visava, declaradamente, à instauração de uma nova ordem política – e cujo líder (Thomas Müntzer) era defensor da derrubada de todos os governantes que não se adequassem à "vontade dos escolhidos", identificada, por ele, à justiça mesma.

É aqui que a figura do *cristão perfeito* entra na argumentação de nosso autor. Diferentemente do *devoto*, o cristão perfeito é aquele que compreende o cerne da religião que professa. Ora, para Pascal o cristianismo pode ser resumido do seguinte modo: Deus criou o homem livre, puro e cumulado de inteligência; nós, todavia, não pudemos "carregar tanta glória sem cair na presunção"[98] e, assim, voltamos nossas costas ao Criador; ao nos preferirmos em detrimento do Ser Perfeitíssimo, perdemos toda aderência que tínhamos com a Verdade (e com a Justiça), tornando-nos escravos de nossas paixões e transformando o mundo em um insuperável vale de lágrimas – que, apesar do sacrifício salvífico de Jesus, está condenado a permanecer tal como é até o dia do Juízo.

---

98. Ibid., Laf.149/Br.430, p. 63.

Levando tudo isso em conta, nosso filósofo – ele próprio um *cristão perfeito* – só poderá lamentar a ingenuidade dos *devotos*: não estamos mais no estado em que fomos criados e, portanto, é justo que estejamos inelutavelmente submetidos às mais iníquas instituições – que, de resto, não são senão o reflexo de nossa malícia intrínseca.

Observe-se que, no confronto das divergentes opiniões do *povo*, dos *semi-hábeis*, dos *hábeis*, dos *devotos* e dos *cristãos perfeitos*, Pascal crê que a posição destes últimos se sagra vitoriosa. Isso não significa, entretanto, que o *cristão perfeito* renegue, por completo, o julgamento de seus adversários – afinal, assim como o *povo*, ele acredita que as regras político-sociais devem ser respeitadas; a exemplo dos *semi-hábeis*, reconhece a arbitrariedade das normas a que está submetido, ainda que, como os *hábeis*, confesse que devemos obedecê-las, uma vez que a Justiça nos é inacessível; finalmente, ainda que não compartilhe da esperança dos *devotos* quanto à possibilidade de fazer do mundo um lugar mais justo, com eles se compadece dos males que assolam a humanidade.

Não obstante, enganar-se-ia quem acreditasse que a superioridade do ponto de vista do *cristão perfeito* decorre simplesmente do fato de ele absorver em si algo de todas as opiniões concorrentes. Por meio do procedimento da *reviravolta do pró ao contra* não se quer apenas indicar a maior abrangência da posição cristã relativamente às demais, mas ainda se pretende demonstrar que ela é a única capaz de nos dar a *razão* de certos *efeitos*.

Mas, se é assim, cabe então perguntar: no fragmento que, até agora, serviu de base às nossas análises, qual dado – ou *efeito* – é trazido à tona, do qual é lícito se afirmar que só pode ser compreendido a partir do ponto de vista do *cristão perfeito*? Responde-se: a vontade de verdade e de justiça.

Note-se que, desde o *povo* (que só obedece aos costumes e às leis por crê-los justos em si mesmos), até os *semi-hábeis* e *devotos* (que se insurgem contra a ordem estabelecida em nome de uma coexistência mais equânime), todos, sem exceção, têm suas atitudes guiadas por essa profunda e inextinguível vontade de verdade e justiça – que o *hábil* certamente conhece, mas que dificilmente dá conta de explicar[99].

Por outro lado, o *cristão perfeito*, tendo consciência de que já não nos encontramos no estado em que fomos criados – ou seja, tendo consciência

---

99. A saída para o hábil pascaliano talvez fosse, neste ponto, alegar – como o faziam os pirrônicos antigos – que a vontade de verdade é uma doença, cuja única cura possível é oferecida pela completa suspensão do juízo (*epoché*). Esta, por sua vez, depois de algum tempo, seria capaz de proporcionar a seu praticante a *ataraxia* – a tranquilidade da alma.

da *queda* –, sabe o porquê de sermos movidos por um desejo humanamente irrealizável:

> Anelamos pela verdade e só encontramos em nós incerteza. Buscamos a felicidade e só encontramos miséria e morte. Somos incapazes de não desejar a verdade e a felicidade [uma vez que delas já desfrutamos] e somos incapazes de certeza e felicidade [uma vez que delas nos tornamos indignos]. Esse desejo nos é deixado tanto para nos punir como para fazer-nos sentir de onde caímos[100].

Esta declaração pascaliana torna explícita, de uma vez por todas, a finalidade apologética que o guiava desde o início. Como já havíamos adiantado, quando Pascal se debruça sobre a política – pelo menos no contexto dos *Pensamentos* – ele o faz exatamente para "fazer-nos sentir de onde caímos".

Aliás, como também já havíamos assinalado, em seus *Três discursos sobre a condição dos grandes*, nosso filósofo igualmente se dedicará ao tema que dá a tônica à presente lição – ainda que o aborde por um outro viés, pois trata-se de uma obra encomendada por um duque (o Duque de Luynes) para a educação de seu filho (Charles Honoré de Chevreuse).

---

100. PASCAL, B. *Pensamentos*. 2. ed. São Paulo: Martins Fontes, 2005, Laf.401/Br.437, p. 154.

Que não se pense, todavia, que, ao se dirigir diretamente aos nobres, Pascal muda o conteúdo de seu discurso. Os "grandes de nascimento" precisam ser advertidos, não adulados; em uma palavra: precisam, acima de tudo, conhecer sua verdadeira condição.

Para nosso filósofo, os poderosos não estão em situação diferente de um reles náufrago que, tendo sido levado pelo mar a uma ilha distante, é confundido pela população local com seu rei desaparecido, ao qual é incrivelmente semelhante. Analisando psicologicamente esse seu personagem, Pascal dirá que:

> De início, não sabia que partido tomar; mas resolveu, enfim, aproveitar-se de tão boa fortuna. Recebeu todas as homenagens que lhe quiseram prestar e deixou-se tratar como rei.
> Porém, como não podia esquecer a sua condição natural, pensava, ao mesmo tempo em que recebia tais homenagens, que não era o rei que esse povo procurava, e que o reino não lhe pertencia. Assim, alimentava um duplo pensamento: um em que agia como rei, e outro em que reconhecia o seu verdadeiro estado, considerando que apenas devia ao acaso o encontrar-se naquele lugar. Escondia ele este último pensamento, e patenteava o outro. Era de acordo com o primeiro que

tratava com o povo, e de acordo com o último que tratava consigo próprio[101].

Ora, não é exatamente esta a condição de todos aqueles que assumem um governo hereditário? Não é obra do acaso que alguém nasça filho de um duque? E a formação da fortuna de seus ancestrais, não é, também ela, fruto de mil acontecimentos fortuitos? Aliás, arremata Pascal, o próprio fato de que os bens de nossos antepassados passem para nossa posse após sua morte não é, senão, obra do cego acaso – ou melhor, do capricho dos legisladores –, já que a instituição da herança está longe de ser algo baseado em uma pretensa "lei natural".

Mas o que se segue de tudo isto? Bem, Pascal crê que um nobre deverá tornar-se um governante mais justo – ou, ao menos, não tirânico – a partir do momento em que estiver ciente da proveniência dos privilégios de que goza perante a maioria dos homens.

Ao saber, por exemplo, que sua "superioridade" não decorre de qualquer característica que lhe seja intrínseca – mas tão somente da fantasia dos indivíduos "que, com razão, acreditaram dever

---

101. PASCAL, B. Três discursos sobre a condição dos grandes. In: *Opúsculos*. Lisboa: Guimarães, 1960, p. 157.

honrar certos estados"[102] –, os líderes do povo não deverão exigir que este os estime[103], limitando-se a demandar que o vulgo manifeste certa deferência por meio de cerimônias exteriores. O governante consciente de sua situação tampouco deverá imperar apenas por meio da força, uma vez que não é esta potência – ou qualquer outra potência natural – o fator responsável por fazê-lo ocupar sua elevada posição social.

Por fim, é necessário que os nobres compreendam que um dos elementos capazes de conferir certa estabilidade a seu domínio é a distribuição de riquezas. Com efeito, nosso autor defende que a cobiça por parte dos bens dos soberanos é uma das causas que agrega o povo à volta desses grandes senhores. Assim sendo, todo governante que não for minimamente magnânimo, mais do que adotar uma conduta reprovável, estará se expondo a sérios riscos que, no limite, podem levá-lo a perder tudo quanto tem.

> Que vem a ser, em vossa opinião, um grande senhor? É ser dono de vários objetos de concupiscência dos homens, e com

---

102. Ibid., p. 160.

103. Já que, segundo Pascal, só se deve estimar as grandezas – ou potências – naturais, tais como "as ciências, a luz do espírito, a virtude, a saúde e a força" (PASCAL, B. Três discursos sobre a condição dos grandes. In: *Opúsculos*. Lisboa: Guimarães, 1960, p. 161).

isso poder satisfazer a necessidade e desejo de muitos. São tais necessidades e desejos que os atraem para junto de vós[104]. [...] Ponde de parte, portanto, dominá-los pela força, ou tratá-los com dureza. Contentai-lhes seus justos desejos, aliviais suas necessidades, esforçai-vos por ser generoso, favorecei-os tanto quanto puderdes, e agireis assim como um verdadeiro rei da concupiscência[105].

---

104. Ainda que a violência seja a verdadeira fundadora dos estados, a concupiscência de seus membros está entre os principais fatores que determinarão sua manutenção. Cf. PASCAL, B. *Pensamentos*. Laf.828/Br.304.

105. PASCAL, B. Três discursos sobre a condição dos grandes. In: *Opúsculos*. Lisboa: Guimarães, 1960, p. 162-163.

Sétima lição

Análises psicológicas (*divertissement*)

A profunda investigação do comportamento humano é, certamente, um dos aspectos mais conhecidos e debatidos da obra de nosso autor. Desde o início, é importante que se diga que tais investigações – a exemplo do que ocorre com as análises político-sociais – obedecem a uma finalidade apologética muito bem definida. Também aqui se tratará de apresentar determinados dados cuja devida compreensão dependerá, necessariamente, da aceitação de um dogma religioso – bem como tratar-se-á de confrontar divergentes opiniões, no intuito de se evidenciar a superioridade do ponto de vista do *cristão perfeito*[106].

---

106. Ainda que, em suas análises psicológicas, Pascal não se utilize abertamente dos tipos ideais que vimos em ação no tópico anterior, cremos ser perfeitamente possível – e proveitoso – deles nos utilizarmos para melhor compreendermos a sinuosa argumentação sobre a qual ora nos debruçamos.

As presentes análises partem, pois, da seguinte constatação:

> Sobrecarregam os homens desde a infância com o cuidado de sua honra, dos bens, dos amigos, e ainda dos bens e da honra dos amigos; cumulam-nos de afazeres, do aprendizado das línguas e de exercícios e se lhes dá a entender que não conseguiriam ser felizes sem que a sua saúde, honra e fortuna, e as de seus amigos, estivessem em bom estado, e que a falta de uma única coisa dessas os tornará infelizes. Assim, são-lhes dados encargos e afazeres que os fazem quebrar a cabeça desde o raiar do dia[107].

Na perspicaz declaração supracitada, Pascal põe às claras, de maneira inequívoca, todo *nonsense* de nossas vidas. De fato, desde a mais tenra idade, inculcam-nos que nossa felicidade futura está intimamente atrelada a determinadas conquistas que, uma vez não realizadas, tornarão nossas existências indignas e insuportáveis. Por conta disso, a maioria de nós – ou melhor, o *povo* – acaba, com efeito, considerando suas infelicidades como um produto quase que exclusivo de seus desejos não satisfeitos e de anseios frustrados.

---

107. PASCAL, B. *Pensamentos.* 2. ed. São Paulo: Martins Fontes, 2005, Laf.139/Br.143, p. 56-57.

Essa, entretanto, não vai ser a posição do *semi-hábil* pascaliano[108] que, percebendo a falta de sentido da balbúrdia cotidiana, dirá:

> Quando às vezes me pus a considerar as diversas agitações dos homens, e os perigos, e as penas a que se expõem na Corte, na guerra de onde nascem tantas desavenças, paixões, ações ousadas e muitas vezes maldosas etc., repeti com frequência que toda a infelicidade dos homens provém de uma só coisa: de não saber ficar quieto num quarto[109].

Ora, compreende-se perfeitamente que aquele que, para sobreviver, depende do suor de seu rosto, saia de casa todas as manhãs disposto a enfrentar os inúmeros perigos e infortúnios que daí possam lhe advir. Disso, no entanto, não se segue que tal atitude seja razoável quando adotada por aqueles que têm bens suficientes para viver reclusa e tranquilamente. Contudo, é exatamente isto que verificamos por aí: mesmo os remediados recusam-se a retirar-se da "vida pública" – motivo pelo qual serão considerados insanos pelos *semi-hábeis*.

---

108. Que, na última lição, definimos como um indivíduo que, tendo abandonado o estado de completa ignorância, encontra-se, todavia, muito distante da sabedoria do *cristão perfeito*.

109. PASCAL, B. *Pensamentos*. 2. ed. São Paulo: Martins Fontes, 2005, Laf.136/Br.139, p. 50.

Por outro lado, ao preferirem acusar o ser humano a entendê-lo, tais críticos rasos perdem a chance de entrever a razão de nossa inquietude, qual seja, "a infelicidade natural de nossa condição fraca e mortal, e tão miserável que nada nos pode consolar quando nela pensamos de perto"[110] – realidade sagazmente divisada pelos *hábeis*.

A partir disso, pode-se começar a compreender o importantíssimo papel que Pascal conferirá ao *divertimento*[111] – por ele entendido precisamente como todo e qualquer empreendimento que seja capaz de evitar que reflitamos a respeito de nossa deplorável condição.

O filósofo considera que somos incapazes de nos encarar de frente – dentre outros motivos, porque, numa tal situação, somos invadidos pelo triste pensamento de tudo quanto pode nos ocorrer (a perda de posses, de entes queridos, da saúde), além de vermo-nos irremediável e insuportavelmente laçados pela consciência excruciante de nossa própria morte. Definitivamente, não lidamos bem com o fato de sermos finitos.

Aliás, nem mesmo os – teoricamente – mais felizardos dentre nós estão livres de tal maldição:

---

110. Ibid., Laf.136/Br.139, p. 51.

111. Em francês, *divertissement*. Trata-se de um termo técnico da filosofia pascaliana.

> Deixe-se um rei a sós, [...] a pensar em si totalmente à vontade, e ver-se-á que um rei sem divertimento é um homem cheio de misérias. Assim, evita-se isso cuidadosamente e nunca falta ao redor da pessoa do rei muita gente que cuida de fazer com que o divertimento suceda aos negócios e que fica a observar todo o seu tempo de ócio para fornecer-lhe prazeres e jogos de modo que não haja nenhum vazio. Quer dizer que eles são cercados de pessoas que têm um maravilhoso cuidado para evitar que o rei fique sozinho e em estado de pensar em si, sabendo perfeitamente que ele ficará miserável, muito embora seja rei, se pensar em si[112].

Sob este aspecto – claro está –, a única coisa que diferencia ricos e pobres é o fato de os primeiros terem mais recursos para se divertir. Como já vimos na lição anterior, os poderosos do mundo não são, somente por isso, naturalmente superiores a quem quer que seja. Assim sendo, qualquer um de nós que for abandonado a si próprio verá brotar, do fundo de sua alma, "o negrume, a tristeza, a aflição, o despeito e o desespero"[113] – em uma palavra, sucumbirá ao *tédio*.

---

112. PASCAL, B. *Pensamentos*. 2. ed. São Paulo: Martins Fontes, 2005, Laf.137/Br.142, p. 56.

113. Ibid., Laf.622/Br.131, p. 268.

Termo técnico do pensamento de nosso autor, o *tédio* pascaliano (em francês, *ennui*) não deve ser entendido como uma insatisfação momentânea, fastio ou enfado, mas sim como uma angústia profunda "associada à impossibilidade de se sair de tal estado, [...] uma espécie de patologia espiritual"[114]. O *tédio* é a doença de que sofre todo aquele que, ao refletir em demasia, percebe o absurdo de sua existência. Isto nos dá subsídios para entendermos, por exemplo, o porquê de considerarmos tão severa a pena dos criminosos que são condenados a permanecer sós em suas celas: não há punição maior do que ficarmos face a face com nossa pequenez.

Mas o que pensar dos cristãos verdadeiramente convertidos e convencidos do amor de Deus? Será que também lhes é necessário desviar o pensamento de sua condição? Apesar de não os responder de maneira direta, Pascal não nos deixa sem pistas no que tange à sua posição relativamente a tais questionamentos. Se não, vejamos:

> Jesus [no Getsêmani] procura consolo pelo menos em seus três amigos mais caros e eles estão dormindo; pede-lhes que velem um pouco com ele, e eles o deixam com uma total negligência, tendo tão pouca compaixão que esta nem podia

---

114. PONDÉ, L. *O homem insuficiente.* São Paulo: Edusp, 2001, p. 7, n. 1.

> impedi-los por um momento de dormir. E
> assim Jesus estava sozinho e abandonado
> à cólera de Deus. [...] Ele sofre essa dor
> e esse abandono no horror da noite. [...]
> Jesus ora na incerteza da vontade do pai e
> teme a morte. [...] Jesus no tédio[115].

No curioso texto acima – chamado de *O mistério de Jesus Cristo*[116] –, o filósofo dedica-se a narrar os últimos momentos de Jesus em liberdade, focando-se, sobretudo, no estado psicológico do Salvador. Ora, se refletirmos cuidadosamente, notaremos que, no Horto das Oliveiras, o Nazareno não se encontrava em uma situação substancialmente distinta da dos cristãos em geral; afinal, assim como eles, estava consciente dos riscos iminentes que o ameaçavam, bem como ignorava se – e de que maneira – Deus responderia a suas orações[117].

Pois bem: se, de acordo com Pascal, tal situação foi capaz de fazer com que até mesmo Jesus tenha vergado sob o peso do *tédio*, o que nos autorizaria a afirmar que os cristãos dele estão livres? Conclui-se, pois, que a alternância entre divertimento e

---

115. PASCAL, B. *Pensamentos*. 2. ed. São Paulo: Martins Fontes, 2005, Laf.919/Br.553, p. 375-377.

116. Publicado somente em 1844.

117. A incerteza em que nos encontramos no que concerne a nossa salvação será analisada na décima lição.

tédio é algo a que todos os homens decaídos estão inelutavelmente sujeitos: de santos a libertinos[118].

Entretanto, ainda que reconheçam a ineludível necessidade de divertimento do ser humano, certos intelectuais dirão que os homens erram ao buscar o tumulto "como se a posse das coisas que buscam devesse fazê-los verdadeiramente felizes"[119]. Explica-se: para esses novos censuradores – que chamaremos de *hábeis críticos do povo*[120] – o vulgo equivoca-se ao crer que é o objeto conquistado – e não o processo de conquista – que o faz relativamente feliz: isto é, que o *diverte*. Como nos lembrará Gérard Lebrun:

> É falso que neste mundo o movimento seja ordenado ao repouso, [...] a construção do templo ao templo acabado. É falso que o ser, para nós, se confunda com o inalterável. [...] A felicidade para nós é a da atividade enquanto ela é imperfeita; é o inacabamento da caça, a esperança inquieta que precede o primeiro encontro[121].

---

118. Ainda que uns e outros se entreguem a divertimentos bastante distintos.

119. PASCAL, B. *Pensamentos.* 2. ed. São Paulo: Martins Fontes, 2005, Laf.136/Br.139, p. 52.

120. Expressão não utilizada pelo filósofo, tendo sido por nós elaborada no intuito de facilitar a compreensão da argumentação pascaliana.

121. LEBRUN, G. *Blaise Pascal.* São Paulo: Brasiliense, 1983, p. 19.

Segundo Pascal, ao dedicar-se ao que quer que seja, o homem o faz por acreditar – inocentemente –, que, uma vez tendo alcançado seu objetivo, poderá gozar de certa paz e contentamento. Os jogadores, por exemplo, creem piamente que desejam o prêmio que é prometido àquele que, dentre eles, sagrar-se vencedor; ora, dirá o filósofo, experimente-se dar a um desses indivíduos o prêmio que ele espera ganhar na disputa – sob a condição de que se abstenha de participar do certame – e ver-se-á como ele o recusa.

Assim, os *hábeis críticos do povo* estão certos: queremos tão somente a busca das coisas, e não as coisas mesmas. No entanto, seu ponto de vista ainda é limitado, já que são incapazes de reconhecer na mentira um prerrequisito da vida tal como dela temos experiência. Diferentemente dos *cristãos perfeitos*, não notam que o homem:

> precisa se animar e criar um engodo para si mesmo, [...] a fim de que forme para si um motivo de paixão e que excite com isso o seu desejo, a sua cólera, o seu temor por esse objeto que formou para si como as crianças se apavoram vendo a cara que lambuzaram de tinta[122].

---

122. PASCAL, B. *Pensamentos*. 2. ed. São Paulo: Martins Fontes, 2005, Laf.136/Br.139, p. 54.

A contemplação dos troféus já conquistados, enquanto implica inação, é certamente incapaz de nos livrar da angústia que nasce da consciência de nossas insuficiências. Por outro lado, uma atividade morna, que não se direcione a uma meta bem-estipulada, não nos absorve a ponto de fazer com que nos esqueçamos de nós próprios – e, portanto, não chega a constituir um verdadeiro *divertimento*. Disto se segue, pois, que, para evitarmos o *tédio*, não temos outro remédio senão nos abalarmos atrás de falsas promessas de felicidade que, afortunadamente, só percebemos como tais depois de muito termos nos divertido.

O homem persegue (ou crê perseguir) o repouso e, quando o encontra, não o suporta, engajando-se novamente em inúmeras atividades que, uma vez levadas a cabo, lhe propiciarão outras frustrações semelhantes à primeira: eis aqui um singular fenômeno que, de acordo com nosso filósofo, somente os *cristãos perfeitos* dão conta de explicar – afinal, só eles sabem que não estamos mais no estado em que fomos criados. Segundo eles, os homens decaídos:

> têm um instinto secreto que os leva a procurar divertimentos e ocupações exteriores, nascido do ressentimento de suas contínuas misérias; e têm outro instinto secreto, resto da primeira natureza, que os

faz conhecer que a felicidade só está de fato no repouso, e não no tumulto[123].

Note-se que os *cristãos perfeitos* endossam a atitude do *povo*, mesmo que, a exemplo dos *semi-hábeis*, reconheçam a falta de sentido que dá o tom da balbúrdia em que naufragamos diariamente; que, em companhia dos *hábeis*, percebem em nossa miserável condição o motivo da mórbida inquietude que nos acomete, ainda que, com os *hábeis críticos do povo*, alertem-nos para o fato de que aquilo que realmente nos interessa é o processo de conquista – e não os objetos que, por meio de tal processo, alegamos querer conquistar.

Por fim, deve-se ressaltar, uma vez mais, que a posição dos *cristãos perfeitos* – além de abarcar e superar todas as opiniões que dela divergem – é a única capaz de explicar esta contradição que nos marca de maneira tão indelével: não conseguimos deixar de desejar a paz (posto que, no Paraíso, dela desfrutamos) e, todavia, nela não conseguimos permanecer (porquanto dela nos tornamos indignos em decorrência do pecado).

No intuito de entendermos um pouco mais o ponto de vista dos *cristãos perfeitos* no tocante ao presente tema, vejamos, muito rapidamente, a

---

123. Ibid., Laf.136/Br.139, p. 53.

doutrina pascaliana dos dois amores – desenvolvida, principalmente, numa carta enviada a Gilberte (irmã de Blaise Pascal) por ocasião da morte de seu pai[124].

Lá, o filósofo irá declarar que o homem foi criado com dois amores: um – finito – voltado a si mesmo – e outro – infinito – devotado ao Ser Perfeitíssimo que o trouxe à existência. Em outras palavras, o homem pré-queda amava seu Criador infinitamente, bem como amava-se a si próprio finitamente – isto é, apenas enquanto criatura de Deus.

Como sabemos, esta situação não se manteve para sempre: não nos mantivemos obedientes Àquele a quem tudo devíamos e, contrariando a ordem das coisas, nos erigimos em princípio de nós mesmos. Dando voz à Sabedoria Divina, Pascal afirma:

> [O homem] subtraiu-se à minha dominação e, igualando-se a mim pelo desejo de encontrar a felicidade em si mesmo, eu o abandonei a si. E [hoje está] em tamanho afastamento de mim que mal lhe resta uma luz confusa de seu autor, de tanto que

---

124. A famosa *Lettre a M. et Mme Perier a Clermont, a la ocasion de la mort de M. Pascal,* de setembro de 1651. Trata-se de uma carta particular, por meio da qual o filósofo visava consolar sua irmã de sua recente perda. A doutrina dos dois amores é, no contexto da missiva, desenvolvida no intuito de explicar nosso *horror da morte* – segundo Pascal, injustificável após a *queda*.

foram apagados ou perturbados todos os seus conhecimentos[125].

Além disso, ao voltarmos nossas costas para Deus e, consequentemente, perdermos a perfeita aderência que com Ele mantínhamos, criamos, no âmago de nosso ser, um vazio impreenchível. Afinal, se, no estado adâmico, nossa capacidade de amar infinitamente encontrava no Criador um objeto à sua altura (já que também Ele é infinito), o que poderá satisfazê-la neste mundo decaído, onde tudo parece escoar de nossas mãos?

Em posse desse novo dado, temos mais um recurso – ou melhor, o *cristão perfeito* tem mais um recurso para explicar a contínua insatisfação humana: tendo sido feitos para desejarmos, de todo coração, um objeto perfeito o suficiente para nos satisfazer plena e perenemente, na ausência do mesmo encontramo-nos condenados a perseguir – patologicamente – sucedâneos finitos que nada mais poderão fazer do que nos frustrar. Entre o finito e o infinito há, indiscutivelmente, um abismo intransponível.

---

125. PASCAL, B. *Pensamentos*. 2. ed. São Paulo: Martins Fontes, 2005, Laf.149/Br.430, p. 63.

Oitava lição

O *eu*

A exemplo de Cornelius Jansenius e em sintonia com aqueles que, de modo genérico, costumam ser chamados de "moralistas franceses" – tais como La Rouchefoucauld e La Bruyère – Pascal não vê o ser humano (decaído) com bons olhos. Acompanhemos, no trecho abaixo, o que o filósofo tem a dizer a respeito de nosso *eu*:

> Numa palavra, o *eu* tem duas qualidades: é injusto em si por se fazer o centro de tudo; é incômodo para os outros por querer submetê-los, pois cada eu é inimigo e quisera ser o tirano de todos os outros. Retirais dele a incomodidade, mas não a injustiça.
> E assim não o tornais amável para aqueles que odeiam a sua injustiça. Não o tornais amável senão para os injustos que nele não encontram mais seu inimigo. E assim continuais a ser injusto e só podeis agradar aos injustos[126].

---

126. Ibid., Laf.597/Br.455, p. 260-261.

Ora, quanto ao *eu* humano ser injusto por querer se fazer o centro de tudo não pode haver, aqui, qualquer problema. Como expusemos nos últimos parágrafos da lição anterior, Pascal defende que a *queda* não é senão uma consequência do orgulho de Adão, que resolveu erigir-se como princípio de si mesmo, em detrimento de Deus. Note-se que, desde então, cada indivíduo tende a buscar somente sua própria felicidade, vendo em todos os seus semelhantes meros *meios* para conquistar aquilo que almeja. Senão, vejamos.

> Imaginemos, então, que os vemos começarem a se formar. Acontece sem dúvida que a parte mais forte oprima a mais fraca, e que finalmente haja um partido dominante. Mas uma vez que isso fica determinado, os senhores que não querem que a guerra continue ordenam que a força que está nas suas mãos sucederá como lhes apraz: uns remeterão à eleição dos povos, outros à sucessão por nascimento etc. É aí que a imaginação começa a desempenhar o seu papel. Até aí a pura força o faz[127].

O assunto explorado no fragmento transcrito é a formação das comunidades humanas. Através de sua leitura, se nos torna patente que, diferentemente daqueles que veem na vida em sociedade

---

127. Ibid., Laf.828/Br.304, p. 328.

o resultado de certa gregariedade natural dos homens – que se uniriam para desfrutar da companhia uns aos outros –, Pascal acredita na origem violenta do corpo político.

Aliás, se, antes de existirem as instituições, os indivíduos encontravam-se em um estado constante de guerra (muito semelhante àquele descrito por Thomas Hobbes), cada um perseguindo tão somente seus próprios interesses, as coisas não mudaram muito após o surgimento do Estado. Com efeito, tanto os fortes – que foram capazes de subjugar seus semelhantes – quanto os fracos – que tiveram que se submeter para não perderem suas vidas – continuam buscando, única e exclusivamente, aquilo que consideram lhes ser mais útil. Opressores e oprimidos são, pois, moralmente idênticos.

No entanto, é digno de nota que, como vimos, o papel realizado pela violência no estado pré-político é, agora, exercido pela imaginação. Explica-se: enquanto, no estado de guerra, a força é a grande responsável pela dominação, dentro de um corpo político esta se exerce por meio de determinados engodos. Jamais se falará ao povo, por exemplo, que as leis são fruto do capricho dos governantes: antes, falar-se-á que elas são a expressão da mais pura Justiça. Ora, será isto que fará com que alguns *eus* reinem, com relativa estabilidade, sobre os demais: os quais, em decorrência de seu orgulho, nunca se submeteriam às regras[128] se não as *imaginassem* justas em si mesmas[129].

Que não se pense, todavia, que Pascal esteja denunciando esse processo no intuito de alterá-lo. Como as coisas poderiam se passar de modo diverso num mundo formado por *eus* completamente autocentrados e que, como se isso não bastasse, ignoram totalmente o que seja a Verdade?

Ademais, retornando ao que é dito no fragmento Laf.597/Br.455, vemos que todos temos *tanto* certas pretensões tirânicas *quanto* a habilidade de escondê-las dos outros *eus* – tornando-nos "amáveis" para não sermos "incômodos".

O homem é, antes de tudo, um animal mentiroso. Não obstante, mentir, para nós, é muito mais do que um bom hábito: é uma condição *sine qua non* de nossa existência desgraçada – isto é, de nossa existência sem Deus.

> A natureza do amor-próprio e desse *eu* humano está em não amar senão a si e em não considerar senão a si. Mas, que fará

---

128. O que manteria os homens, indefinidamente, em estado de guerra.

129. Para Pascal, a democracia, no limite, está tão afastada da Justiça quanto o está, p. ex., a monarquia. Afinal, somente seria justo um Estado governado pelo(s) melhor(es) – que, não necessariamente, confunde(m)-se com aqueles que receberam mais votos ou com os descendentes da família real.

> ele? Não poderá impedir que esse objeto de seu amor seja cheio de defeitos e de misérias; quer ser grande, vê-se pequeno; quer ser feliz, vê-se miserável; quer ser perfeito, vê-se cheio de imperfeições; quer ser objeto do amor e da estima dos homens, e vê que seus defeitos só merecem a aversão e o desprezo deles. Esse embaraço em que se encontra produz a mais injusta e a mais criminosa paixão que se possa imaginar; pois ele concebe um ódio mortal contra essa verdade que o repreende e o convence de seus defeitos. Desejaria aniquilá-la e, não podendo destruí-la em si mesma, ele a destrói, tanto quanto pode, no seu conhecimento e no dos outros. Quer dizer que coloca todo cuidado em encobrir os próprios defeitos tanto aos outros como a si mesmo e que não pode tolerar que os façam ver ou que os vejam[130].

Já sabemos que o indivíduo decaído vota um amor infinito a si próprio. Sabemos também que tal devoção só poderia fracassar, uma vez que há uma ineludível desproporção entre a infinitude de tal sentimento e a finitude de seu objeto. Por fim, já tínhamos apontado que a frustração que decorre dessa desproporção lança cada um dos *eus* num

---

130. PASCAL, B. *Pensamentos*. 2. ed. São Paulo: Martins Fontes, 2005, Laf.978/Br.100, p. 428-423.

processo infindável de fuga – quer dizer, impele-os, incessantemente, ao *divertimento*.

Entretanto, o que ainda não sabíamos é aquilo que nos é indicado no fragmento citado há pouco, a saber, que uma das facetas do mencionado processo de fuga consiste no escamoteamento de nossos defeitos frente aos outros e a nós mesmos. De fato, a vida dos homens só se torna possível na medida em que cada um dos *eus* consegue suportar a si próprio. Ora, mas como eu poderia tolerar-me se, no fundo, sei que só sou digno de desprezo?

Pascal é taxativo: substituindo meu *eu* real por um *eu imaginário* – que tenha todas as qualidades que admiro e nenhum dos defeitos que poderiam me acabrunhar. Eis por que, para o filósofo, a vida em sociedade resume-se a um grande processo de adulação, não passando de um espetáculo. Existir junto a outros *eus* resume-se a isto: representar uma farsa tão talentosamente quanto possível, a fim de que, após muito inebriar a plateia, possamos – ao som dos aplausos – dissolver-nos no personagem e esquecermo-nos de nossas pretensões inconfessáveis, de nosso *eu odioso*.

Nona lição
Provas históricas do cristianismo

Blaise Pascal, a exemplo de seus amigos agostinianos de Port-Royal, não vê com bons olhos aqueles que, em matéria de teologia, preferem o raciocínio "à autoridade da Escritura e dos Padres"[131].

De fato, no *Prefácio sobre o Tratado do vácuo,* o filósofo traça uma clara distinção entre as matérias cujo estudo deve limitar-se àquilo que já está escrito nos livros e as disciplinas cujo estudo e desenvolvimento não devem pautar-se pela autoridade "dos antigos" – diríamos hoje, "dos clássicos". Ora, enquanto "a Geometria, a Aritmética, a Música, a Medicina, e a Arquitetura"[132] são disciplinas desse último tipo – ou seja, não estão submetidas senão à experiência e à razão –, na História, na Geografia, na Jurisprudência, nas Línguas

---

131. PASCAL, B. Préface sur le traité du vide. In: PASCAL, B. *Ouvres Complètes.* Paris: Du Seuil, 1963, p. 231.

132. Ibid., p. 231.

e na Teologia não se deve buscar novidades: nelas trata-se, acima de tudo, de memorizar o que nos é passado pela tradição.

Isto, todavia, não demoveu Pascal de, em seu projeto apologético, refletir sobre as Sagradas Escrituras. Essas reflexões, claro está, não têm por meta criar uma nova interpretação dos testamentos, mas obedecem ao desígnio de, a partir da própria Bíblia, elaborar argumentos que possam indicar a razoabilidade do que nela é afirmado – notadamente, que possam apontar a razoabilidade da tese que defende que Jesus de Nazaré é Cristo, o Filho do Deus vivo.

Antes de se debruçar sobre os relatos das Escrituras, vemos Pascal desqualificar algumas "narrativas concorrentes". Trata-se, antes de mais nada, de colocar em xeque a "verdade" de religiões tais como a grega, a egípcia, a chinesa e a asteca invocando, para tanto, o conceito de *contemporaneidade*: por não serem contemporâneos das coisas que escrevem, os historiadores (ou "mitógrafos") dessas civilizações estão condenados a, simplesmente, comporem fábulas.

Sustentamos que Pascal pode ter sorvido sua noção de *contemporaneidade* em Flávio Josefo (37-100 d.C.), autor, dentre outras obras, de uma célebre *História dos hebreus*. De acordo com Josefo, "para se escrever fielmente uma história, é necessário saber, com certeza, por si mesmo, as coisas que se relatam, ou tê-las sabido daqueles que delas tiveram um perfeito conhecimento"[133].

Entretanto, se esse critério serve para transformar Homero em alguém inapto para relatar fidedignamente os feitos de Ulisses, não servirá, com muito mais razão, para tornar duvidoso o relato mosaico sobre eventos como a *criação* e a *queda*?[134] Na realidade, não. Senão, vejamos.

Pascal, assim como Santo Agostinho, acredita que a enorme longevidade alegada pela Bíblia em favor dos primeiros homens deve ser entendida literalmente. Isso, no limite, o leva a concluir que apenas quatro gerações separam Moisés de Adão, o pai da humanidade: "Sem, que viu Lamech, que viu Adão, viu também Jacó, que viu aqueles que viram Moisés: portanto, o dilúvio e a criação são verdadeiros. Isso é conclusivo entre certas pessoas que entendem bem"[135].

---

133. JOSEFO, F. Resposta de Flávio Josefo a Ápio. In: *Obra completa.* Rio de Janeiro: CPAD, 1999, cap. III, p. 712.

134. Já que a distância temporal que se interpõe entre Moisés (autor do Pentateuco) e os eventos narrados no Gênesis é bem mais ampla do que aquela que se interpõe entre Homero e as façanhas de Ulisses.

135. PASCAL, B. *Pensamentos.* 2. ed. São Paulo: Martins Fontes, 2005, Laf.296/Br.625, p. 121.

Ora, mas como o fato de alguns personagens bíblicos terem sido incrivelmente longevos transforma o libertador do cativeiro do Egito num historiador *contemporâneo* de todos os acontecimentos por ele registrados? É essencial que, aqui, compreendamos que, para o apologeta, o que fragiliza uma narrativa histórica não é exatamente o espaço temporal que se interpõe entre os fatos – ou aqueles que deles têm um perfeito conhecimento – e aqueles que se dispõem a registrá-los, mas sim um grande número de gerações. "Não é a extensão dos anos, mas a multidão de gerações que torna as coisas obscuras"[136].

Com base nisso, Pascal pode afirmar que, enquanto as informações relatadas pelos historiadores gregos, egípcios e chineses percorreram um pedregoso caminho até chegarem a seus ouvidos[137], o conteúdo do relatado de Moisés veio até ele por uma via muito menos tortuosa. O irmão de Arão toma conhecimento dos eventos primordiais da Criação como quem fica a par do que ocorreu com seu tataravô ou algo que o valha.

Ademais, o filósofo nos lembra que, devido à juventude do mundo e a consequente escassez dos

---

136. Ibid., Laf.292/Br.624, p. 120.

137. Já que sua comunicação dependeu do trabalho de várias gerações.

assuntos, é bem crível que "a tradição de Adão ainda era viva em Noé e Moisés"[138] – afinal, não havendo naquela época nem "estudos, nem ciências, nem artes, que ocupam uma grande parte dos discursos da vida"[139], do que falariam os homens senão dos feitos de seus antepassados?

A esse respeito, é importante que se destaque que, para Pascal, mais do que Moisés, o próprio povo judeu é o autor fidedigno do antigo testamento – até porque, diga-se de passagem, aquele só pode ser responsabilizado pela produção do Pentateuco[140].

Com efeito, algumas características do povo judeu chamarão a atenção de nosso filósofo. Em primeiro lugar, diversamente do que ocorre com os outros povos, os judeus compõem uma única família, já que todos descendem de apenas um homem: Abraão. Além disso, outro fator que reforça sua unidade é o fato de estarem, desde há muito, submetidos à mesma lei, da qual Pascal dirá que "é, ao mesmo tempo, a mais antiga do mundo, a mais

---

138. PASCAL, B. *Pensamentos*. 2. ed. São Paulo: Martins Fontes, 2005, Laf.282/Br.616, p. 117.

139. Ibid., Laf.290/Br.626, p. 120.

140. Ou seja, dos primeiros cinco livros das Escrituras.

perfeita e a única que tem sido sempre guardada sem interrupção num Estado"[141].

A consanguinidade e a uniformidade de costumes e opiniões que resultam da obediência a uma legislação severa e inalterada reforçam tanto a unidade do povo judeu que, praticamente, o transforma em um único indivíduo que, por existir desde os primórdios até os dias atuais, pode ser considerado *contemporâneo* de tudo quanto já se passou sobre a face da Terra. O povo judeu – ou melhor, a família judaica – fez-se presente em todas as eras e, portanto, sua narrativa concernente a tempos idos deve ser acreditada.

> Para Pascal, tudo se passa como se Deus, de tempos em tempos, inspirasse um membro da família judaica [tal como o patriarca Moisés, o juiz Samuel, o Profeta Isaías etc.] a "imortalizar" os eventos mais relevantes da vida de seus parentes que, por serem amplamente conhecidos à época, *devem* ter sido fielmente registrados[142].

O respeito e submissão aos antepassados fez com que raramente os judeus questionassem a

---

141. PASCAL, B. *Pensamentos*. 2. ed. São Paulo: Martins Fontes, 2005, Laf.451/Br.620, p. 184.

142. MANTOVANI, R. *Os limites da apologia cristã*: a razão à procura de Deus em Blaise Pascal. São Paulo: Garimpo, 2016, p. 185.

veracidade da história contada – e vivenciada – por seu povo. Na realidade, os descendentes de Abraão acreditam tão piamente em suas Escrituras que, via de regra, prefeririam perder suas vidas a negar seus ensinamentos. Isso, obviamente, é mais um elemento que contribui para que se creia na correção dos livros do antigo testamento, afinal, como assevera Pascal, só se deve acreditar em histórias "cujas testemunhas se deixariam degolar"[143].

No entanto, nem tudo são flores. Os judeus, dirá o apologeta, são excessivamente carnais, isto é, são demasiadamente apegados aos bens deste mundo. Isso fará com que se revoltem contra seus antepassados – e contra a tradição por eles representada – todas as vezes que tiverem frustradas suas rasteiras ambições. Sobre isso, que se lembre somente das constantes queixas e imprecações dos hebreus[144] que se seguiram à sua libertação do implacável jugo egípcio.

Em que pese sua pecaminosidade, a carnalidade dos judeus foi, não obstante, essencial para que o Antigo Testamento fosse mantido são e salvo até o advento do Messias.

---

143. PASCAL, B. *Pensamentos.* 2. ed. São Paulo: Martins Fontes, 2005, Laf.822/Br.593, p. 326.

144. Relatadas, à exaustão, no Livro do Êxodo.

Explica-se: tendo testemunhado milagres sobejamente tangíveis – como as dez grandes pragas e a abertura do Mar Vermelho –, os semitas esperavam de seu Salvador atos ainda mais retumbantes. Pascal defende que, no fundo, os judeus só se conservaram fiéis a suas leis e preservaram suas Escrituras precisamente por não compreenderem, em toda sua profundidade, as profecias de que elas estão repletas. Por esperarem um rei exuberante e poderoso, capaz de livrá-los dos inimigos de carne e osso e regalar-lhes, aqui e agora, com uma terra que mana leite e mel, dispuseram-se a conservar os escritos que, contrariamente ao desejo que os cegava, previam, antes de mais nada, um Cristo humilde, bem mais preocupado com a salvação das almas do que com a dos corpos.

Mas, visto que nem mesmo aqueles que o esperavam reconheceram o Salvador, como se poderá convencer os libertinos de que Jesus era, de fato, o Messias?[145] Pensando em responder a esta questão, Pascal declara: "Provas dos dois testamentos de uma só vez. Para provar a ambos de uma só vez, basta ver se as profecias de um estão

---

145. "Aqueles que têm dificuldade para acreditar buscam motivo no fato de os judeus não acreditarem. Se as coisas fossem tão claras, dizem, por que eles não haveriam de acreditar?" (PASCAL, B. *Pensamentos*. 2. ed. São Paulo: Martins Fontes, 2005, Laf.273/Br.745, p. 110).

cumpridas no outro. Para examinar as profecias é preciso entendê-las"[146].

A adequada compreensão das profecias depende, por sua vez, de se descobrir se tais vaticínios possuem mais de um sentido – e, para tanto, Pascal apenas pede que seu leitor conceda que os escritores bíblicos não são completamente desprovidos de bom-senso, isto é, que não são desarrazoados a ponto de, a todo momento, se contradizerem. Essa pressuposição[147] que, num primeiro momento, parece ser trivial e sem maiores consequências está, na realidade, longe de sê-lo, visto que, ao menos quando entendida "ao pé da letra", a Bíblia está, sim, repleta de disparates e contradições.

O primeiro tipo de *nonsense* bíblico vem à tona quando seus autores afirmam uma coisa clara e inequívoca assegurando, entretanto, que não se entenderá aquilo que estão a dizer. Tal é o caso de Jeremias que, logo após asseverar que o povo de Israel poderá voltar à terra prometida, declara que "essas coisas só serão compreendidas nos últimos dias"[148].

---

146. PASCAL, B. *Pensamentos.* 2. ed. São Paulo: Martins Fontes, 2005, Laf.274/Br.642, p. 110.

147. Que, aliás, assumimos de bom grado todas as vezes que nos propomos a ler um texto, seja ele de que gênero for.

148. Jr 30,3-24.

O segundo grupo de contradições bíblicas assinalado por Pascal é formado por enunciações nitidamente incompatíveis, proferidas por dois escritores distintos ou, por vezes, proferidas por um mesmo escritor. Este é, por exemplo, o caso de Ezequiel, que, em seu livro, assegura que "se viverá nos mandamentos de Deus e que não se viverá neles"[149].

Ora, frente a tais incompatibilidades – e levando-se em conta aquilo que já assumimos, ou seja, que os escritores bíblicos são minimamente sensatos – só podemos concluir que as Escrituras (notadamente suas profecias) devem ter, além do sentido literal, um sentido oculto capaz de colocar de acordo suas afirmações contrastantes.

Isso posto, Pascal se dedicará à tarefa de indicar que, se o sentido literal das profecias é carnal – uma vez que, quando lidas sob esta chave, só vaticinam acontecimentos bastante palpáveis –, seu sentido oculto deve ser espiritual[150]:

> Quando Davi prediz que o Messias libertará o seu povo dos inimigos pode-se acreditar carnalmente que se trata dos egípcios.

---

149. PASCAL, B. *Pensamentos*. 2. ed. São Paulo: Martins Fontes, 2005, Laf.257/Br.684, p. 101-102. Trata-se do que, respectivamente, é dito em Ez 20,40 e 20,25.

150. Termo de que Pascal se utiliza para fazer menção a realidades e valores sobrenaturais, intimamente ligados à caridade divina.

> E então eu não poderia mostrar que a profecia foi cumprida, mas também se pode crer que se trata das iniquidades. Porque na verdade os egípcios não são inimigos, mas as iniquidades sim[151].

Em outras palavras: se os inimigos mencionados pelo salmista são, de fato, contendores de carne e osso que ameaçavam os judeus, então é certo que a profecia não se verificou (nós, que conhecemos os horrores do século XX, sabemo-lo bem); no entanto, se, ao se pronunciar sobre tais inimigos, o pai de Salomão tinha em mente as transgressões de seu povo, então é possível que sua previsão tenha se realizado em Jesus – o cordeiro de Deus que tira os pecados do mundo.

Efetivamente, quando nos voltamos às contradições apontadas mais acima munidos dessa nova chave interpretativa, as incoerências parecem se dissolver.

Assim, o *nonsense* de Jeremias é dirimido por completo se acreditarmos que, ao falar em "terra prometida" e "povo de Israel", não se referia, respectivamente, a Canaã e aos descendentes de Abraão, mas sim ao Paraíso e ao conjunto dos eleitos. As palavras de Ezequiel também se livram de

---

151. PASCAL, B. *Pensamentos*. 2. ed. São Paulo: Martins Fontes, 2005, Laf.269/Br.692, p. 106-107.

todo contrassenso se, ao declarar que "se viverá nos mandamentos de Deus e não se viverá neles" considerarmos que o juiz tinha em mente duas espécies de mandamentos: os mandamentos do Cristo – nos quais se vive desde sua vinda – e os inúmeros preceitos da velha aliança, que só obrigavam ao povo hebreu e que não mais seriam observados[152] após a Encarnação.

Uma vez estabelecido que as declarações do Antigo Testamento são, não raro, dotadas de duplo significado (pois, caso contrário, suas gritantes incongruências restariam sem explicação) e que, além disso, o sentido oculto capaz de acordar as passagens dissonantes só pode ser espiritual[153], então tem-se que Jesus pode muito bem ser o Rei esperado pelos judeus; afinal, se estes já haviam se enganado ao aguardarem recompensas materiais em pagamento à sua obediência às leis, por que

---

152. Pelo menos, não em sua totalidade. Perceba-se que Jesus e seus apóstolos libertaram, em grande medida, os cristãos do elemento "carnal" da lei mosaica: doravante, a circuncisão necessária não será a do prepúcio, mas a do coração (Rm 2,29); o homem poderá ser condenado não pelo que entra em sua boca, mas sim pelo que dela sai (Mt 15,11; Mc 7,15) – isso só para citar alguns exemplos.

153. Dado que, a seu ver, é o único capaz de desfazer todas as contradições – cabendo, a quem dele discordar, propor uma interpretação mais fecunda. Para um aprofundamento da questão, cf. OLIVA, L. *As marcas do sacrifício*. São Paulo: Humanitas, 2004, p. 89-110.

também não se equivocariam ao esperarem um poderoso líder, deixando de notar Aquele cujo reino não é deste mundo?

Aliás, mais do que possível, Pascal crê que a divindade de Jesus se revela como altamente provável a todos que se debruçam sobre as profecias que previram a época de sua vinda, seu nascimento em Belém, o ministério de seu precursor (João Batista), seus poderes de cura, a pregação de sua mensagem a nações estrangeiras e os pormenores de sua Paixão[154].

Todavia, quando se trata de estabelecer a divindade do Nazareno, Pascal tem maior apreço pelas profecias que vaticinam que o Salvador seria renegado por seu próprio povo – tal como, por exemplo, pode-se ler em Is 53,3: "Era desprezado, e o mais rejeitado entre os homens; homem de dores e que sabe o que é padecer; e como um de quem os homens escondem o rosto, era desprezado, e dele não fizemos caso".

O vilipêndio sofrido pelo Filho de Deus é predito no Antigo Testamento e, no entanto, só se realiza no âmbito dos evangelhos. Recordemo-nos, aqui, de que era precisamente isto que Pascal julgava ser necessário para provar a verdade de ambos

---

154. A análise das referidas profecias extrapolaria, em muito, o escopo desta breve apresentação do pensamento pascaliano.

os testamentos, a saber, "ver se as profecias de um estão cumpridas no outro"[155].

Note-se que, se, no que concerne a boa parte das profecias, os judeus teriam interesse em falsificar tanto os prognósticos quanto os fatos que a eles correspondem – na exata medida em que isso os ajudaria a corroborar seu *status* de povo escolhido –, o cumprimento da profecia que vaticina o menosprezo e a perseguição vivenciados pelo filho de Maria não lhes é, de modo algum, vantajoso. Muito pelo contrário: ao matarem Jesus, os semitas não só "conferem-lhe a última marca do Messias"[156], como também "tornam-se réus confessos do assassinato do Filho de Deus"[157].

Entretanto, isso ainda não é tudo. De acordo com Pascal, há muitos outros argumentos que podem ser extraídos do Novo Testamento no intuito de se provar a divindade de Jesus. Pensemos, por exemplo, na conduta de seus discípulos mais íntimos:

---

155. PASCAL, B. *Pensamentos*. 2. ed. São Paulo: Martins Fontes, 2005, Laf.274/Br.642, p. 110.

156. Ibid., Laf.488/Br.761, p. 217.

157. MANTOVANI, R. *Os limites da apologia cristã*: a razão à procura de Deus em Blaise Pascal. São Paulo: Garimpo, 2016, p. 194.

> A hipótese de serem os apóstolos enganadores é absurda. Acompanhe essa hipótese em toda sua extensão. Imagine esses doze homens reunidos depois da morte de Jesus Cristo, armando a intriga de que Ele havia ressuscitado. Agindo assim, atacam todas as potências. O coração dos homens é estranhamente inclinado para a leviandade, as mudanças, as promessas, os bens, por menos que um deles se desmentisse em razão de todos esses atrativos e, ainda mais, pelas prisões, pelas torturas e pela morte, estavam todos perdidos[158].

Se os apóstolos fossem meros trapaceiros, o que os teria mantido firmes a ponto de não se dobrarem frente às constantes ameaças e às possíveis propinas que lhes foram oferecidas em troca de seu silêncio? O que teria feito com que homens extremamente amedrontados pelo suplício de seu Mestre se resolvessem, pouco tempo depois, a arriscar suas vidas para pregar a boa-nova? E, se Mateus e Lucas não passam de charlatões, por que nos apresentam diferentes genealogias de Jesus – já que a primeira medida adotada por aqueles que mentem

---

158. PASCAL, B. *Pensamentos*. 2. ed. São Paulo: Martins Fontes, 2005, Laf.310/Br.801, p. 126.

é pôr seus discursos em acordo para, desse modo, afastar toda e qualquer suspeita?[159]

Ora, segundo Pascal, tais questões só podem ser devidamente respondidas a partir do momento em que se admite a divindade – e a ressurreição – de Jesus Cristo. É bem verdade que, como o próprio filósofo reconhece, as reflexões que, partindo das Escrituras, tentam demonstrar a referida divindade[160] não são plenamente probantes[161]. Isso, entretanto, não poderia ser diferente; afinal, como já sabemos, em decorrência do pecado original, o homem tornou-se indigno de Deus que, por sua vez, apartou-se de tão ingrata criatura.

De que maneira o Criador irá chamar, particularmente, alguns indivíduos é o que vamos investigar na próxima lição. Por enquanto, retenhamos a seguinte declaração pascaliana, por meio da qual o filósofo nos dá a conhecer o quão é ciente dos limites – ou do alcance – de sua argumentação em prol da religião cristã:

> O que dizem os profetas de Jesus Cristo? Que Ele será evidentemente Deus? Não,

---

159. Cf. Ibid., Laf.236/Br.578, p. 95-96.

160. Ou seja, aquilo que, aqui, chamamos de "provas históricas do cristianismo".

161. PASCAL, B. *Pensamentos*. 2. ed. São Paulo: Martins Fontes, 2005, Laf.835/Br.564, p. 337.

mas que Ele é um Deus escondido, que não será reconhecido, que não pensarão que seja Ele, que Ele será uma pedra de tropeço contra a qual vários se chocarão. Assim, que não nos recriminem pela falta de clareza, pois que dela fazemos profissão[162].

---

162. Ibid., Laf.228/Br.751, p. 94.

Décima lição
A questão da *graça*

Simultaneamente à produção das *Provinciais* – missivas que, como vimos na segunda lição, eram destinadas ao grande público –, Pascal parece ter sentido a necessidade de tratar detidamente de alguns temas que, nas referidas cartas, eram abordados de maneira mais ligeira. Assim, escreveu à época o que, atualmente, conhecemos como sendo seus *Escritos sobre a graça* – cuja redação se situa entre 1657 e 1658.

Nos *Escritos* – obra que, a exemplo dos *Pensamentos*, permaneceu inacabada, tendo sido publicada somente após a morte de seu autor – nosso filósofo investigará questões que eram ardorosamente debatidas em seu tempo.

De modo geral, pode-se dizer que, no primeiro e no segundo *Escritos*, tratar-se-á, sobretudo, de diferenciar as concepções de graça apresentadas pelos molinistas, pelos calvinistas e pelos *discípulos de Santo Agostinho* – outro nome dado aos *cristãos perfeitos*[163]. Por outro lado, no terceiro e no quarto *Escritos*[164] – que não constituirão o foco da presente análise –, Pascal se debruçará sobre questões que giram em torno da possibilidade que os justos teriam (ou não) de sempre se manterem fiéis aos mandamentos divinos.

Vejamos, pois, como, no primeiro *Escrito,* o autor resumirá a posição calvinista no que tange à graça:

> A opinião dos calvinistas é:
> Que Deus, criando os homens, criou uns para os danar e uns para os salvar, por uma vontade absoluta e sem previsão de nenhum mérito.
> Que, para executar essa vontade absoluta, Deus fez Adão pecar, e não somente permitiu, mas causou sua queda.
> Que não há nenhuma diferença entre Deus fazer e permitir.
> Que Deus, tendo feito pecar Adão e todos homens nele, enviou Jesus Cristo para a redenção daqueles que, ao criar, quis salvar, e que Ele lhes dá a caridade e a salvação indubitavelmente.

---

163. Cf. lições seis e sete.

164. Os *Escritos sobre a graça* são constituídos por apenas quatro textos.

> Eis a opinião abominável desses heréticos, injuriosa a Deus e insuportável aos homens. Eis as blasfêmias pelas quais eles estabelecem em Deus uma vontade absoluta e sem nenhuma previsão de mérito ou de pecado para danar ou para salvar suas criaturas[165].

Segundo esta interpretação pascaliana da doutrina de Calvino[166], Deus não passa de um tirano que decide o destino dos homens de maneira totalmente arbitrária – pouco distinto do gênio maligno (ou deus enganador) que estudamos na quarta de nossas lições.

Ora, dirá Pascal, com ódio de uma opinião tão execrável, os molinistas, ao invés de – simplesmente – se oporem aos reformados, acabaram, também eles, incidindo em erro. Ainda de acordo com o filósofo, os seguidores do Padre Molina[167] sustentam que:

---

165. PASCAL, B. Premier Écrit sur la grace. In: *Oeuvres Complètes*. Paris: Du Seuil, 1966, p. 312.

166. João Calvino, teólogo francês (1509-1564). Calvino foi, ao lado de Martinho Lutero (1483-1546), um dos maiores nomes da Reforma Protestante – que, à época de Pascal, deu origem a profundos e intermináveis debates sobre inúmeros pontos da fé cristã.

167. Luís de Molina, teólogo jesuíta espanhol (1535-1600). Autor de *De concordia liberi arbitrii cum gratiae donis, divina praescientia, providentia, praedestinatione, et reprobatione ad nonnullos primae partis divi Thomae articulos*.

> Deus tem uma vontade condicional de salvar genericamente todos os homens. Que para esse efeito Jesus Cristo encarnou, para lhes redimir todos sem exceção, e que suas graças, sendo dadas a todos, depende da vontade destes, e não da de Deus, o bem ou mal usá-las. Que Deus, tendo previsto desde toda eternidade o bom ou o mau uso que se faria destas graças somente pelo livre-arbítrio, sem a ajuda de uma graça discernente, quis salvar aqueles que as usariam bem, e danar aqueles que as usariam mal, não tendo de sua parte vontade absoluta nem de salvar, nem de danar nenhum dos homens[168].

Note-se que se, na doutrina calvinista, Deus assemelha-se a um excêntrico ditador, na doutrina molinista Ele é comparável a um governante que, praticamente abrindo mão de seu poder decisório, deixa a cada um a liberdade de agir como lhe aprouver – mesmo que, claro está, reserve diferentes destinos para virtuosos e pervertidos.

Em que pese o fato de ser mais benevolente com os molinistas do que o é com os asseclas de Calvino, Pascal julga que *ambos os grupos* se

---

168. PASCAL, B. Premier Écrit sur la grace. In: *Oeuvres Complètes*. Paris: Du Seuil, 1966, p. 312.

equivocam, ainda que suas faltas se contraponham. Senão, vejamos.

Os *discípulos de Santo Agostinho* – que nosso autor identificará como sendo os defensores da real doutrina da Igreja e, portanto, como defensores da Verdade – "consideram dois estados da natureza humana"[169]. Antes da *queda* – dirão eles –, o homem era justo, forte, sem nenhuma concupiscência. Recém-saído das mãos de seu Criador, Adão tinha "livre-arbítrio igualmente flexível ao bem e ao mal"[170].

Deus, por sua vez, tinha uma vontade condicional de salvar a todos, desde que, livremente, se submetessem a seus preceitos – e, por conta disso, dava a Adão uma *graça suficiente* para que a Ele se mantivesse obediente. É digno de nota que, se o pai da humanidade não tivesse tido meios para perseverar em sua pureza, não se poderia considerar qualquer ato seu como sendo pecado e, assim, seria necessário confessar que o Ser Perfeitíssimo teria sido injusto ao puni-lo.

Entretanto, como sabemos, Adão insurgiu-se – dolosamente – contra seu Criador, preferindo seguir a si próprio em detrimento dos mandamentos

---

169. Ibid., p. 312.

170. PASCAL, B. Deuxième Écrit sur la grace. In: *Oeuvres Complètes*. Paris: Du Seuil, 1966, p. 317.

daquele ao qual tudo devia. Por conta disso, viria tornar a si mesmo e a todo gênero humano dignos de morte[171]. Ora, uma vez decaídos de nosso estado original, tornamo-nos escravos de rasteiras paixões. Sendo todos frutos da mesma semente apodrecida, herdamos do primeiro homem a maldição de sermos guiados pela concupiscência que, desde então, se ergue doentiamente em nossos membros.

Isso posto, Pascal asseverará que, em nossa atual condição, somos incapazes de salvação – a menos que Deus se digne a regalar-nos com a *graça eficaz*: o que faz de maneira gratuita, em consonância com seus desígnios absolutamente insondáveis. Note-se que, aqui, não se fala mais em *graça suficiente*, mas sim em *graça eficaz*: ou seja, não se fala mais em uma graça que pode ou não ser bem utilizada, mas sim em uma graça que, uma vez recebida, nos leva inevitavelmente a trilhar o caminho apresentado por Jesus.

---

171. Sobre o absurdo da transmissão do pecado, Pascal afirma: "[...] não há dúvida de que nada existe que choque mais a nossa razão do que dizer que o pecado do primeiro homem tenha tornado culpados aqueles que, estando tão afastados dessa origem, parecem incapazes de dele participar. Tal decorrência não nos parece apenas impossível. Parece-nos mesmo muito injusta. [...] Nada por certo nos choca mais rudemente do que essa doutrina. E, no entanto, sem esse mistério, o mais incompreensível de todos, somos incompreensíveis a nós mesmos" (PASCAL, B. *Pensamentos*. 2. ed. São Paulo: Martins Fontes, 2005, Laf.131/Br.434, p. 48). A respeito do poder explicativo do Dogma da Queda, cf. lições seis e sete.

Disto pode-se deduzir o motivo que leva nosso filósofo a criticar os molinistas – pois, enquanto esses sustentam que o homem, ainda hoje, é livre para utilizar-se bem ou mal da graça salvífica, os *discípulos de Santo Agostinho* sabem que somente Adão gozou de semelhante condição e que, na situação pós-queda, nossa redenção é dependente da vontade de Deus[172]: que, por justiça, poderia ter condenado todos os filhos de Eva, mas que, por pura bondade, tomou a resolução de redimir algumas almas.

Pelo que foi dito, compreende-se igualmente o porquê de Pascal criticar tão duramente os calvinistas – já que (segundo sua interpretação) estes se negam a reconhecer que o primeiro dos homens estava em plenas condições de não ter cometido qualquer falta[173].

Todavia, essa não é a única diferença que o filósofo assinala haver entre os séquitos de Calvino e os *discípulos de Santo Agostinho*[174]. Explicamo-nos.

---

172. Ainda que, como se verá, nosso livre-arbítrio não esteja completamente excluído do processo de salvação.

173. Assim, nota-se em que sentido se pode dizer que o erro de ambos os grupos se contrapõe: os calvinistas negam toda e qualquer liberdade ao homem, ao passo que, para os molinistas, nem mesmo o pecado original teria sido capaz de comprometer nosso livre-arbítrio.

174. Como já apontamos, não obstante considerar que tanto molinistas quanto calvinistas se encontram em erro, Pascal fará questão de frisar que estes últimos se encontram muito mais afastados da

Na parte final do segundo *Escrito*, Pascal afirma que os calvinistas acreditam:

> Que Deus dá àqueles [que quer salvar], e àqueles somente, a graça de Jesus Cristo, a qual não perdem jamais desde [o momento] que a tenham recebido, e que leva sua vontade ao bem (não fazendo com que a vontade para lá se dirija, mas para lá a levando malgrado sua repugnância) como uma pedra, como um serrote, como uma matéria morta em sua ação e sem capacidade alguma de se mover com a graça e de com ela cooperar, porque o livre-arbítrio está perdido e morto inteiramente[175].

Lembremo-nos, nesse ponto, que, em uma carta de dezembro de 1656, endereçada à senhorita de Roannez – uma amiga da família Pascal –, nosso autor sublinha o fato de que a conversão do coração se confunde com um processo de substituição dos objetos que fazem (ou faziam) nosso deleite: se é certo que, uma vez presenteados com a graça divina, deixamos o mundo e suas delícias para trás, isso

---

verdade do que aqueles (afinal, enquanto os calvinistas difeririam de Santo Agostinho tanto no que diz respeito ao estado adâmico quanto no que concerne ao estado pós-queda, os molinistas só se equivocariam ao analisar o atual estado da humanidade). Cf., p. ex., o segundo *Escrito* – notadamente, o início da seção "*Opinion de Calvin*".

175. PASCAL, B. Deuxième écrit sur la grace. In: *Oeuvres Complètes*. Paris: Du Seuil, 1966, p. 319.

só ocorre porque essa mesma graça nos proporciona uma satisfação na lei de Deus que sobrepuja, em muito, o prazer que obtínhamos com as distrações do século. Isso, aliás, não poderia ser diferente – já que, como Pascal sustenta, "só se abandonam prazeres por outros maiores"[176].

Mas, se é assim, será que Calvino não está certo em defender que a vontade humana é totalmente passiva relativamente à marcha de salvação da alma? Na verdade, não. Perceba-se que, conquanto Deus distribua seus dons segundo uma lógica – para nós – inextricável e que, ademais, recrute seus fiéis de maneira irresistível[177], ainda assim pode-se dizer que os agraciados O escolhem livremente. Afinal, é próprio ao homem – ou, pelo menos, ao homem decaído[178] – o não desejar senão aquilo que

---

176. PASCAL, B. Carta de 1656 à Mademoiselle de Roannez. In: PASCAL, B. *Opúsculos*. Lisboa: Guimarães, 1960, p. 149.

177. Fazendo com que as "coisas divinas" sejam motivo de inigualável gozo para os eleitos.

178. Apesar de não se aventurar a realizar grandes investigações sobre o que teria sido o estado pré-queda, Pascal declara que ao homem adâmico "bastava conhecer o bem para a ele se direcionar" (PASCAL, B. Deuxième écrit sur la grace. In: *Oeuvres Complètes*. Paris: Du Seuil, 1966, p. 318). Isso parece indicar que, de maneira diversa do que ocorre conosco, Adão guiava-se levando em conta, sobretudo, sua razão. Sobre a atual ineficácia da razão (notadamente no processo de conversão), cf. PASCAL, B. *Sobre a conversão do pecador*. Ainda sobre a incapacidade da potência racional nos mover ao que quer que seja, leiamos, de passagem, o que o fi-

mais lhe deleita, bem como considerar que não é livre senão quando age precisamente de acordo com seus desejos.

Sim: após o pecado, Deus elegeu aqueles que serão salvos por "razões desconhecidas"[179] – e os molinistas, ao o negarem, equivocam-se. Sem embargo, não nos enganemos (como os heréticos calvinistas): Deus, mesmo após a *queda*, respeita a liberdade humana, pois, tanto aqueles que o escolhem quanto aqueles que o renegam, fazem-no, apesar de tudo, segundo seu bel-prazer[180].

---

lósofo nos diz no fragmento Laf.97/Br.334 dos *Pensamentos*: "*A concupiscência e a força são as fontes de todas as nossas ações. A concupiscência faz as voluntárias; a força, as involuntárias*" (São Paulo: Martins Fontes, 2005, p. 34).

179. PASCAL, B. Deuxième écrit sur la grace. In: *Oeuvres Complètes*. Paris: Du Seuil, 1966, p. 318.

180. Deixamos intocada a questão da *oração* em Blaise Pascal – cuja análise, apesar de sua relevância para a temática aqui abordada, extrapolaria, em muito, o escopo deste breve trabalho de introdução ao pensamento do autor. Para sua devida compreensão, recomendamos a leitura de OLIVA, L. *A questão da graça em Blaise Pascal*. São Paulo: USP/FFLCH, 1996 [Dissertação de mestrado].

Conclusão

Ao longo destas breves páginas procuramos, acima de tudo, apresentar ao leitor uma via de acesso à filosofia de Blaise Pascal. Ora, como já indicamos, toda introdução ao pensamento de um grande filósofo comporta certo número de escolhas – mais ou menos questionáveis – no que tange aos tópicos a serem investigados. Assim, recomendamos a todos *tanto* a leitura dos estudos de outros especialistas (listados nas *referências*) *quanto* a leitura da própria obra pascaliana: que, desde as primeiras décadas do século XX, vem sendo redescoberta em toda sua profundidade e riqueza.

Com efeito, se, ao longo dos séculos XVIII e XIX, viu-se nos escritos de Pascal pouco mais do que o registro do sofrimento de um homem atormentado pelo medo da morte e/ou fustigado pelo declínio socioeconômico de sua família, nos últimos cem anos começou-se a fazer justiça ao pensamento deste que, sem sombra de dúvidas, pode ser tido por um dos mais originais autores franceses.

É verdade que, ao contrário de René Descartes, Pascal não "fez escola". Não podemos falar que há pensadores "pascalianos" – pelo menos não no mesmo sentido em que afirmamos que há pensadores "cartesianos", tais como Nicolas Malebranche e Baruch de Espinosa. No entanto, algumas ideias pascalianas fizeram fortuna na filosofia. Seu anticartesianismo, por exemplo, encontra ecos na filosofia de David Hume; suas reflexões sobre a dinâmica insaciável do *divertimento* foram levadas até o limite por Arthur Schopenhauer; suas considerações sobre a infelicidade inerente à condição humana reaparecem, com os mesmos tons sombrios, em Sigmund Freud – isso sem contar sua influência onipresente na obra de Emil Cioran: autor tão brilhante quanto ainda pouco estudado.

*

Certa vez, um filósofo alemão declarou que nunca se poderia perdoar o cristianismo por aquilo que teria feito a Blaise Pascal. Tal declaração não poderia ser mais inexata. A religião cristã – ou, mais propriamente, a filosofia cristã – ofereceu a nosso autor um instrumental valiosíssimo, a partir do qual ele pôde elaborar uma interpretação da vida e do homem que, ainda hoje, nos toca e nos incomoda. Sem o cristianismo, Pascal certamente não teria sido quem foi; perguntamo-nos se o cristianismo seria o que é caso Blaise Pascal jamais tivesse nascido.

Referências

ATTALI, J. *Blaise Pascal ou o gênio francês*. Bauru: Edusc, 2003.

CARIOU, P. *Pascal et la casuistique*. Paris: Press Universitaires de France, 1993.

DESCARTES, R. *Obras*. 2. ed. São Paulo: Abril, 1979 [Coleção "Os Pensadores"].

GOLDMANN, L. *Le dieu caché*. Paris: Gallimard, 1959.

GOUHIER, H. *Blaise Pascal*: conversão e apologética. São Paulo: Discurso, 2006.

_____. *Commentaires*. Paris: Librairie Philosophique, 2005.

JANSENIUS, C. *Discurso da reforma do homem interior*. São Paulo: Filocalia, 2016.

LEBRUN, G. *Blaise Pascal*. São Paulo: Brasiliense, 1983.

MANTOVANI, R. *Limites da apologia cristã*. São Paulo: Garimpo, 2016.

OLIVA, L. *A existência e a morte.* São Paulo: Martins Fontes, 2012.

_____. Antecedentes filosóficos e teológicos do conceito pascaliano de natureza humana. *Revista Kriterion*, n. 114, dez./2006, p. 367-408. Belo Horizonte.

_____. *As marcas do sacrifício.* São Paulo: Humanitas, 2004.

PASCAL, B. *Pensamentos.* 2. ed. São Paulo: Martins Fontes, 2005.

_____. *Pensamentos.* 2. ed. São Paulo: Abril Cultural, 1979 [Coleção "Os Pensadores"].

_____. *Oeuvres Complètes.* Paris: Du Seuil, 1966.

_____. *Opúsculos.* Lisboa: Guimarães, 1960.

PONDÉ, L. *Conhecimento na desgraça.* São Paulo: Edusp, 2004.

_____. *O homem insuficiente.* São Paulo: Edusp, 2001.

VENTURINI, A. *Do reino nefasto do amor-próprio.* São Paulo: Filocalia [no prelo].

COLEÇÃO 10 LIÇÕES
Coordenador: *Flamarion Tavares Leite*

– *10 lições sobre Kant*
  Flamarion Tavares Leite
– *10 lições sobre Marx*
  Fernando Magalhães
– *10 lições sobre Maquiavel*
  Vinícius Soares de Campos Barros
– *10 lições sobre Bodin*
  Alberto Ribeiro G. de Barros
– *10 lições sobre Hegel*
  Deyve Redyson
– *10 lições sobre Schopenhauer*
  Fernando J.S. Monteiro
– *10 lições sobre Santo Agostinho*
  Marcos Roberto Nunes Costa
– *10 lições sobre Foucault*
  André Constantino Yazbek
– *10 lições sobre Rousseau*
  Rômulo de Araújo Lima
– *10 lições sobre Hannah Arendt*
  Luciano Oliveira
– *10 lições sobre Hume*
  Marconi Pequeno
– *10 lições sobre Carl Schmitt*
  Agassiz Almeida Filho
– *10 lições sobre Hobbes*
  Fernando Magalhães
– *10 lições sobre Heidegger*
  Roberto S. Kahlmeyer-Mertens
– *10 lições sobre Walter Benjamin*
  Renato Franco
– *10 lições sobre Adorno*
  Antonio Zuin, Bruno Pucci e Luiz Nabuco Lastoria
– *10 lições sobre Leibniz*
  André Chagas
– *10 lições sobre Max Weber*
  Luciano Albino
– *10 lições sobre Bobbio*
  Giuseppe Tosi

– *10 lições sobre Luhmann*
  Artur Stamford da Silva
– *10 lições sobre Fichte*
  Danilo Vaz-Curado R.M. Costa
– *10 lições sobre Gadamer*
  Roberto S. Kahlmeyer-Mertens
– *10 lições sobre Horkheimer*
  Ari Fernando Maia, Divino José da Silva e Sinésio Ferraz Bueno
– *10 lições sobre Wittgenstein*
  Gerson Francisco de Arruda Júnior
– *10 lições sobre Nietzsche*
  João Evangelista Tude de Melo Neto
– *10 lições sobre Pascal*
  Ricardo Vinícius Ibañez Mantovani

CATEQUÉTICO PASTORAL

Catequese – Pastoral
Ensino religioso

CULTURAL

Administração – Antropologia – Biografias
Comunicação – Dinâmicas e Jogos
Ecologia e Meio Ambiente
Educação e Pedagogia
Filosofia – História – Letras e Literatura
Obras de referência – Política – Psicologia
Saúde e Nutrição – Serviço Social e Trabalho
Sociologia

TEOLÓGICO ESPIRITUAL

Biografias – Devocionários
Espiritualidade e Mística
Espiritualidade Mariana – Franciscanismo
Autoconhecimento – Liturgia
Obras de referência
Sagrada Escritura e Livros Apócrifos – Teologia

REVISTAS

Concilium – Estudos Bíblicos
Grande Sinal
REB – SEDOC

VOZES NOBILIS

Uma linha editorial especial, com importantes autores, alto valor agregado e qualidade superior.

PRODUTOS SAZONAIS

Folhinha do Sagrado Coração de Jesus
Calendário de mesa do Sagrado Coração de Jesus
Agenda do Sagrado Coração de Jesus
Almanaque Santo Antônio – Agendinha
Diário Vozes – Meditações para o dia a dia
Encontro diário com Deus – Guia Litúrgico

VOZES DE BOLSO

Obras clássicas de Ciências Humanas em formato de bolso.

CADASTRE-SE
www.vozes.com.br

EDITORA VOZES LTDA.
Rua Frei Luís, 100 – Centro – Cep 25689-900 – Petrópolis, RJ
Tel.: (24) 2233-9000 – Fax: (24) 2231-4676 – E-mail: vendas@vozes.com.br

UNIDADES NO BRASIL: Belo Horizonte, MG – Brasília, DF – Campinas, SP – Cuiabá, MT
Curitiba, PR – Florianópolis, SC – Fortaleza, CE – Goiânia, GO – Juiz de Fora, MG
Manaus, AM – Petrópolis, RJ – Porto Alegre, RS – Recife, PE – Rio de Janeiro, RJ
Salvador, BA – São Paulo, SP